Dr D Kannan

Preenchendo a lacuna digital: explorando o papel da IA, ML e segurança cibernética

Dr D Kannan

Preenchendo a lacuna digital: explorando o papel da IA, ML e segurança cibernética

Inteligência artificial, aprendizagem automática e cibersegurança

ScienciaScripts

Imprint

Any brand names and product names mentioned in this book are subject to trademark, brand or patent protection and are trademarks or registered trademarks of their respective holders. The use of brand names, product names, common names, trade names, product descriptions etc. even without a particular marking in this work is in no way to be construed to mean that such names may be regarded as unrestricted in respect of trademark and brand protection legislation and could thus be used by anyone.

Cover image: www.ingimage.com

This book is a translation from the original published under ISBN 978-620-7-64128-4.

Publisher:
Sciencia Scripts
is a trademark of
Dodo Books Indian Ocean Ltd. and OmniScriptum S.R.L publishing group

120 High Road, East Finchley, London, N2 9ED, United Kingdom
Str. Armeneasca 28/1, office 1, Chisinau MD-2012, Republic of Moldova, Europe
Printed at: see last page
ISBN: 978-620-7-63395-1

COLMATAR O FOSSO DIGITAL: EXPLORAR O PAPEL DA INTELIGÊNCIA ARTIFICIAL, DA APRENDIZAGEM AUTOMÁTICA E DA CIBERSEGURANÇA

Dr. D. KANNAN
Principal
Pollachi College of Arts and Science

RECONHECIMENTO

Como educadora, a criação deste livro foi um trabalho de amor, e tenho uma dívida de gratidão para com muitos que contribuíram para o seu desenvolvimento. Gostaria de reconhecer e expressar o meu apreço pelas seguintes pessoas e instituições:

- Os meus mais profundos agradecimentos aos meus alunos, tanto antigos como actuais, cuja curiosidade e entusiasmo pela aprendizagem têm sido uma fonte constante de inspiração. É a vossa busca pelo conhecimento que me leva a explorar e a partilhar novas ideias
- Aos meus colegas da área da educação, que proporcionaram discussões estimulantes, conhecimentos valiosos e um apoio inabalável. A vossa sabedoria colectiva ajudou a moldar a minha compreensão da pedagogia e dos seus desafios.
- Os meus mentores e conselheiros, que orientaram e encorajaram os meus esforços de investigação e ensino ao longo dos anos. A vossa orientação foi inestimável.
- As instituições de ensino que me deram a oportunidade de ensinar, investigar e explorar métodos educativos inovadores. O vosso empenho na qualidade do ensino é louvável.
- Estou profundamente grato à Direção do Pollachi College of Arts and Science pelo seu encorajamento inabalável e apoio constante.
- Os estudantes e educadores em cujo trabalho e investigação me baseei para desenvolver o conteúdo deste livro. As vossas contribuições para o campo da educação são reconhecidas com gratidão.
- Aos meus amigos e à minha família, pelo apoio inabalável, pela paciência e pelo encorajamento durante todo o processo de escrita. A vossa confiança no meu trabalho tem sido uma fonte constante de força.
- Finalmente, para os leitores deste livro, educadores e aprendizes ao longo da vida, o vosso empenho no avanço da educação é profundamente apreciado. Espero que este livro sirva como um recurso valioso para o vosso percurso educativo.

A educação é um esforço de colaboração, e estou grato pelos contributos destes indivíduos e instituições na procura da excelência no ensino e na aprendizagem.

Com os melhores cumprimentos,

Dr. D. KANNAN

maio de 2024

PREFÁCIO

Numa era definida pela presença omnipresente das tecnologias digitais, a paisagem do nosso mundo está a sofrer uma profunda transformação. A rápida digitalização dos sectores, associada ao crescimento exponencial dos dados, deu início a uma nova era de oportunidades e desafios. Na vanguarda desta revolução digital estão três domínios interligados: A Inteligência Artificial (IA), a Aprendizagem Automática (AM) e a Cibersegurança.

Este livro representa uma exploração abrangente do papel fundamental desempenhado pela IA, ML e Cibersegurança na abordagem dos desafios e oportunidades apresentados pela revolução digital. Ao mergulharmos nos meandros destes domínios interligados, pretendemos proporcionar aos leitores uma compreensão mais profunda da forma como estas tecnologias se cruzam e colaboram para fortalecer as nossas defesas digitais.

Nos capítulos seguintes, embarcaremos numa viagem pelos fundamentos da IA e do ML, explorando as suas aplicações em várias indústrias e sectores. Iremos aprofundar os princípios fundamentais da cibersegurança, examinando o cenário de ameaças em constante evolução e as estratégias utilizadas para mitigar os riscos.

Além disso, iremos aprofundar a integração da IA e do ML na cibersegurança, descobrindo como estas tecnologias melhoram a deteção, resposta e prevenção de ameaças. Além disso, exploraremos o papel da biometria e da gestão de identidades no reforço dos protocolos de segurança, bem como as considerações éticas inerentes ao desenvolvimento e à implementação de soluções de IA e cibersegurança.

Ao longo deste livro, os leitores encontrarão estudos de casos reais, exemplos práticos e análises perspicazes que ilustram o impacto tangível da IA, do ML e da cibersegurança na proteção do nosso futuro digital. Quer seja um profissional experiente na área ou um aspirante a entusiasta, convidamo-lo a juntar-se a nós nesta viagem esclarecedora enquanto navegamos juntos pelas complexidades do panorama digital.

Esperamos que "Bridging the Digital Gap" seja um recurso valioso, que permita aos leitores aproveitar o potencial transformador da IA, do ML e da cibersegurança para enfrentar os desafios da era digital e construir um ecossistema digital mais seguro e resiliente.

Boa leitura!

Dr. D. KANNAN

Diretor, Pollachi College of Arts and Science

SOBRE O AUTOR

 **O Dr. D. KANNAN** é um distinto pedagogo profundamente empenhado em enriquecer o domínio da aprendizagem e do ensino. Com quase três décadas de experiência no domínio da educação, tem desempenhado um papel fundamental no avanço da pedagogia e da investigação.

Como diretor e investigador dedicado no domínio da informática, deixou uma marca indelével. A sua dedicação inabalável ao crescimento intelectual de estudantes e educadores tem sido uma luz orientadora ao longo da sua carreira.

É um fervoroso defensor de uma abordagem holística da aprendizagem, da promoção de valores éticos e da aplicação prática do conhecimento. Estes princípios constituem a base do seu trabalho na elaboração de currículos inovadores, no cultivo do pensamento crítico e na promoção de um gosto pela aprendizagem ao longo da vida.

As extensas contribuições **do Dr. KANNAN** para esta área incluem uma grande quantidade de artigos publicados, trabalhos de investigação, recursos educativos e patentes, todos eles com um reconhecimento generalizado. Os seus esforços incansáveis para melhorar os resultados educativos granjearam a admiração e o respeito dos seus pares.

Para além das suas actividades educativas, **o Dr. KANNAN** é um viajante e explorador apaixonado. As suas aventuras deram-lhe uma nova perspetiva e criatividade que enriquecem constantemente o seu ensino e a sua escrita.

Guiado por uma visão profunda, **o Dr. KANNAN** dedica-se a equipar estudantes e educadores com os conhecimentos e as ferramentas de que necessitam para prosperar num mundo em constante evolução. É sua sincera esperança que este livro contribua ativamente para o discurso em curso sobre a excelência educativa e sirva de catalisador para uma mudança positiva no mundo da aprendizagem.

ÍNDICE DE CONTEÚDO

CAPÍTULO I

INTRODUÇÃO: NAVEGAR NA PAISAGEM DIGITAL

No mundo interligado de hoje, o panorama digital evoluiu para um aspeto crítico da nossa vida quotidiana, influenciando profundamente a forma como interagimos, trabalhamos e comunicamos. Desde a utilização omnipresente de smartphones até às intrincadas redes de dispositivos interligados, a nossa dependência das tecnologias digitais continua a crescer exponencialmente.

No entanto, no meio desta rápida digitalização, deparamo-nos com uma miríade de desafios e complexidades, particularmente no domínio da segurança e da privacidade. À medida que a nossa pegada digital se expande, o mesmo acontece com o cenário de ameaças, com os ciberataques a tornarem-se cada vez mais sofisticados e generalizados. Desde violações de dados e roubo de identidade a ataques de ransomware e esquemas de phishing, tanto os indivíduos como as organizações estão constantemente vulneráveis a agentes maliciosos que procuram explorar vulnerabilidades na nossa infraestrutura digital.

Neste capítulo introdutório, embarcamos numa viagem pela paisagem digital, navegando no seu intrincado terreno e explorando as oportunidades e os desafios que apresenta. Aprofundamos os componentes fundamentais do ecossistema digital, desde o hardware e o software às redes e aos dados, examinando a forma como convergem para moldar o nosso mundo digital.

Além disso, examinamos o papel fundamental da Inteligência Artificial (IA), da Aprendizagem Automática (AM) e da Cibersegurança na navegação neste cenário complexo. As tecnologias de IA e ML oferecem ferramentas poderosas para automatizar processos, analisar vastos conjuntos de dados e prever padrões e tendências. Entretanto, a cibersegurança funciona como a primeira linha de defesa contra ameaças maliciosas, salvaguardando informações sensíveis e garantindo a integridade dos nossos activos digitais.

Ao longo deste capítulo, salientamos a importância de compreender e navegar eficazmente no panorama digital. Ao obter informações sobre as oportunidades e os desafios colocados pelas tecnologias digitais, os indivíduos e as organizações podem proteger-se melhor e tirar partido da tecnologia para a inovação e o crescimento.

Junte-se a nós nesta exploração do panorama digital, onde descobriremos o papel da IA, do ML e da cibersegurança para colmatar o fosso digital e moldar o futuro da tecnologia e da sociedade. Juntos, podemos navegar pelas complexidades do mundo digital e aproveitar o seu potencial transformador para benefício de todos.

1.1. COMPREENDER A ERA DIGITAL

É crucial estabelecer uma compreensão abrangente da era digital. Este período representa uma mudança monumental na civilização humana, impulsionada pela rápida evolução e integração das tecnologias digitais em todos os aspectos da vida moderna.

No centro da era digital está o crescimento exponencial e a inovação na capacidade de computação e nas infra-estruturas digitais. O advento da Internet, dos dispositivos móveis e da computação em nuvem revolucionou a comunicação, o comércio e a troca de informações a uma escala global. Estas tecnologias não só ligaram as pessoas a grandes distâncias, como também facilitaram a criação, o armazenamento e a partilha de grandes quantidades de dados.

Uma das características que definem a era digital é o volume e a velocidade sem precedentes dos dados gerados e consumidos diariamente. Estes dados funcionam como a moeda da economia digital, alimentando as ideias, as inovações e os processos de tomada de decisões em todos os sectores. Desde interacções nas redes sociais e transacções em linha a dados de sensores e registos gerados por máquinas, o panorama digital está repleto de informações à espera de serem analisadas e aproveitadas para vários fins.

No contexto da iniciativa "Colmatar o fosso digital", compreender a era digital é essencial para avaliar a importância e o impacto da inteligência artificial (IA), da aprendizagem automática (AM) e da cibersegurança. As tecnologias de IA e ML dependem fortemente dos dados para treinar algoritmos, fazer previsões e automatizar tarefas. Como tal, a abundância de dados digitais na era digital proporciona um terreno fértil para o avanço e a aplicação destas tecnologias em vários domínios.

Além disso, a cibersegurança desempenha um papel fundamental na proteção dos activos digitais e das infra-estruturas na era digital. Com a proliferação de ciberameaças, como violações de dados, ataques de ransomware e esquemas de phishing, a cibersegurança tornou-se uma prioridade máxima para indivíduos, empresas e governos. Ao compreenderem o panorama digital e as ameaças que este representa, os profissionais de cibersegurança podem desenvolver estratégias e medidas eficazes de proteção contra ameaças e vulnerabilidades em constante evolução.

Neste capítulo, vamos aprofundar os meandros da era digital, explorando as suas características definidoras, oportunidades e desafios. Através de uma compreensão abrangente do panorama digital, os leitores obterão informações valiosas sobre o papel da IA, do ML e da cibersegurança na navegação pelas complexidades da era digital e na colmatação do fosso digital.

1.1.1 A EVOLUÇÃO DA TRANSFORMAÇÃO DIGITAL

A evolução da transformação digital pode ser rastreada até aos primórdios da computação, com a invenção de computadores programáveis e o desenvolvimento de tecnologias de comunicação digital, como a Internet e o correio eletrónico. Estes avanços lançaram as bases para a digitalização da informação e a automatização dos processos manuais, marcando o início da revolução digital.

Com o tempo, o ritmo da transformação digital acelerou, impulsionado pelos rápidos avanços na capacidade de computação, armazenamento e conetividade. O advento dos computadores pessoais na década de 1980 e a adoção generalizada da Internet na década de 1990 abriram caminho para a digitalização de sectores como as telecomunicações, as finanças e os meios de comunicação social.

No início do século XXI, o aparecimento de dispositivos móveis, plataformas de redes sociais e computação em nuvem impulsionou ainda mais a transformação digital, dando início a uma era de conetividade, colaboração e inovação sem precedentes. Estas tecnologias permitiram que as pessoas e as empresas acedessem à informação, comunicassem e efectuassem transacções em qualquer altura e em qualquer lugar, revolucionando a forma como trabalhamos, vivemos e interagimos com o mundo.

Atualmente, estamos na vanguarda da Quarta Revolução Industrial, caracterizada pela convergência de tecnologias digitais, físicas e biológicas. A inteligência artificial (IA), a aprendizagem automática (ML) e a Internet das Coisas (IoT) estão a transformar as indústrias e a remodelar a sociedade de forma profunda, desde os veículos autónomos e as cidades inteligentes até à medicina personalizada e à análise preditiva.

A evolução da transformação digital pode ser conceptualizada como uma série de marcos tecnológicos, cada um deles baseado nas inovações dos seus antecessores.

1. **Início da era da computação**: A viagem começa com o advento dos computadores programáveis em meados do século XX, que lançaram as bases para a digitalização de dados e a automatização de processos. Os primeiros computadores mainframe e sistemas de cartões perfurados revolucionaram sectores como a banca, a indústria transformadora e a investigação científica, anunciando o início da era digital.

2. **Ascensão da Internet**: O próximo salto significativo deu-se com a invenção da Internet e o desenvolvimento da World Wide Web no final do século XX. A Internet transformou a comunicação e a troca de informações, permitindo a conetividade instantânea e o acesso a vastos repositórios de conhecimento. A proliferação do correio eletrónico, dos sítios Web e dos fóruns em linha marcou o início da revolução digital.

3. **Revolução móvel**: O advento dos dispositivos móveis, em particular os smartphones e os tablets, deu início a uma nova era de transformação digital. A adoção generalizada da tecnologia móvel permitiu que as pessoas acedessem à informação, comunicassem e realizassem transacções em movimento, esbatendo as fronteiras entre os espaços físicos e digitais. As aplicações móveis e as plataformas de redes sociais aceleraram ainda mais o ritmo da inovação digital, permitindo novas formas de interação social e de comércio.

4. **Computação em nuvem**: O surgimento da computação em nuvem revolucionou a forma como as empresas e os indivíduos acedem e gerem os recursos digitais. Os serviços baseados na nuvem, como o Software como um Serviço (SaaS), a Plataforma como um Serviço (PaaS) e a Infraestrutura como um Serviço (IaaS), forneceram soluções escaláveis e económicas para armazenamento, computação e desenvolvimento de software. Esta mudança para a computação baseada na nuvem abriu caminho para uma maior flexibilidade, escalabilidade e eficiência nas operações digitais.

5. **Quarta Revolução Industrial**: Atualmente, estamos à beira da Quarta Revolução Industrial, caracterizada pela convergência de tecnologias digitais, físicas e biológicas. A inteligência artificial, a aprendizagem automática, a Internet das Coisas e a cadeia de blocos estão a remodelar as indústrias e a

transformar a sociedade de forma profunda. Estas tecnologias prometem uma automatização, inovação e ganhos de produtividade sem precedentes, mas também colocam desafios significativos em termos de ética, privacidade e cibersegurança.

No contexto de "Bridging the Digital Gap", compreender a evolução da transformação digital é essencial para apreciar o papel da IA, do ML e da cibersegurança na formação do panorama digital. As tecnologias de IA e ML aproveitam os dados digitais para automatizar processos, fazer previsões e extrair conhecimentos, enquanto a cibersegurança desempenha um papel fundamental na proteção dos activos e infra-estruturas digitais contra ciberameaças e vulnerabilidades.

1.1.2. DESAFIOS E OPORTUNIDADES NO DOMÍNIO DIGITAL

Os desafios e as oportunidades no domínio digital fornecem informações essenciais sobre o cenário complexo em que a IA, o ML e a cibersegurança operam.

1. **Ameaças à cibersegurança**: Um dos principais desafios no domínio digital é o cenário em constante evolução das ameaças à cibersegurança. Desde violações de dados e ataques de malware a esquemas de phishing e ransomware, as organizações e os indivíduos enfrentam uma enxurrada de ameaças cibernéticas que podem comprometer informações sensíveis, perturbar as operações e infligir perdas financeiras. A resposta a estas ameaças exige uma vigilância constante, medidas de segurança robustas e estratégias proactivas de gestão do risco.

2. **Preocupações com a privacidade dos dados**: Com a proliferação das tecnologias digitais e a recolha de grandes quantidades de dados pessoais, as preocupações com a privacidade dos dados passaram para primeiro plano. Os indivíduos estão cada vez mais preocupados com a forma como as suas informações pessoais são recolhidas, armazenadas e utilizadas pelas organizações, especialmente à luz das violações de dados e dos escândalos de privacidade de alto nível. As autoridades reguladoras estão a promulgar leis rigorosas de proteção de dados, como o Regulamento Geral sobre a Proteção

de Dados (RGPD), para salvaguardar os direitos de privacidade dos indivíduos e responsabilizar as organizações pela utilização indevida de dados.

3. **Desigualdade digital**: O domínio digital também agrava as desigualdades existentes, criando disparidades no acesso à tecnologia, às competências digitais e às oportunidades. Embora as tecnologias digitais tenham o potencial de capacitar indivíduos e comunidades, aqueles que não têm acesso a uma ligação fiável à Internet ou a competências de literacia digital correm o risco de ficar para trás. Para colmatar o fosso digital, são necessários esforços concertados para garantir um acesso equitativo à tecnologia e à educação digital para todos.

4. **Implicações éticas da IA**: O rápido avanço da inteligência artificial e das tecnologias de aprendizagem automática levanta questões éticas profundas sobre o seu impacto na sociedade. As preocupações com o enviesamento algorítmico, a equidade, a transparência e a responsabilização suscitaram apelos a práticas responsáveis de desenvolvimento e implementação da IA. Estão a ser desenvolvidos quadros e orientações éticas para garantir que os sistemas de IA são concebidos e utilizados de forma a respeitar os direitos humanos, a dignidade e o bem-estar.

5. **Oportunidades de inovação**: Apesar destes desafios, o domínio digital oferece vastas oportunidades de inovação, empreendedorismo e crescimento económico. As tecnologias digitais permitem novos modelos de negócio, produtos e serviços que respondem à evolução das necessidades e preferências dos consumidores. As tecnologias de IA e ML, em particular, estão a impulsionar avanços em áreas como os cuidados de saúde, as finanças, os transportes e o entretenimento, revolucionando as indústrias e transformando a forma como vivemos e trabalhamos.

Oportunidades:

1. **Inovação e empreendedorismo**: Apesar dos desafios, o domínio digital oferece vastas oportunidades de inovação, empreendedorismo e crescimento económico. As tecnologias digitais permitem novos modelos de negócio, produtos e serviços que respondem à evolução das necessidades e preferências dos consumidores. As tecnologias de IA e ML, em particular, impulsionam avanços em vários sectores, revolucionando processos e serviços.

2. **Percepções baseadas em dados**: A abundância de dados digitais fornece informações valiosas que podem impulsionar a tomada de decisões informadas e o planeamento estratégico. As tecnologias de IA e ML permitem às organizações analisar vastos conjuntos de dados, identificar padrões e extrair informações accionáveis. Estas informações permitem às organizações otimizar as operações, melhorar as experiências dos clientes e impulsionar a inovação.

3. **Transformação digital**: As tecnologias digitais facilitam mudanças transformadoras em organizações e indústrias, permitindo maior eficiência, agilidade e competitividade. As organizações podem tirar partido da IA, do ML e da cibersegurança para simplificar processos, automatizar tarefas e melhorar a produtividade. As iniciativas de transformação digital permitem que as organizações fiquem à frente da curva e se adaptem à dinâmica do mercado em evolução.

4. **Conectividade global**: O domínio digital facilita a conetividade global, permitindo a colaboração e a comunicação para além das fronteiras geográficas. As tecnologias digitais permitem que indivíduos e organizações se liguem, partilhem conhecimentos e colaborem em projectos, independentemente da sua localização. Esta conetividade global promove a inovação, o intercâmbio cultural e o desenvolvimento económico à escala global.

1.2. A INTERACÇÃO ENTRE A IA, A ML E A CIBERSEGURANÇA

A análise da intrincada interação entre a IA, o ML e a cibersegurança revela um ecossistema dinâmico em que estas tecnologias colaboram de forma sinérgica para fortalecer as defesas digitais, mitigar os riscos e proteger contra as ciberameaças. Aqui, exploramos a relação multifacetada entre estes domínios:

1. **Deteção de ameaças melhorada:**

   - **Inteligência sobre ameaças baseada em IA**: Os algoritmos de Inteligência Artificial (IA) podem analisar conjuntos de dados maciços para identificar padrões indicativos de ciberameaças, como assinaturas de malware ou actividades de rede suspeitas. Os modelos de aprendizagem automática (ML), treinados com base em dados históricos, podem detetar anomalias e prever potenciais violações da segurança antes de estas ocorrerem.

- **Análise comportamental**: Os algoritmos de ML podem analisar o comportamento do utilizador e os padrões de tráfego de rede para detetar actividades anómalas que se desviam do comportamento normal. Ao identificar comportamentos suspeitos em tempo real, as organizações podem responder proactivamente a ameaças à segurança e evitar potenciais violações.

2. **Análise Preditiva**:

- **Previsão de ameaças emergentes**: As tecnologias de IA e ML podem prever as ciberameaças emergentes com base em dados históricos, tendências e padrões de ataque conhecidos. Os modelos de análise preditiva podem antecipar ameaças futuras, permitindo que as organizações implementem medidas de segurança proactivas e fortaleçam as suas defesas contra a evolução das ciberameaças.

3. **Resposta automatizada**:

- **Mitigação autónoma de ameaças**: Os sistemas de segurança alimentados por IA podem detetar, analisar e responder autonomamente a ciberameaças em tempo real. Os algoritmos de ML podem identificar incidentes de segurança e acionar mecanismos de resposta automatizados, como o isolamento de sistemas comprometidos, o bloqueio de tráfego malicioso ou a colocação em quarentena de ficheiros infectados, sem intervenção humana.

- **Resposta simplificada a incidentes**: As ferramentas de resposta a incidentes orientadas por IA podem simplificar o processo de resposta a incidentes, priorizando alertas, correlacionando eventos de segurança e fornecendo insights acionáveis aos analistas de segurança. Ao automatizar as tarefas de rotina, as organizações podem acelerar a deteção e a resposta a incidentes, minimizando o impacto das violações de segurança.

4. **Segurança adaptativa**:

- **Mecanismos de defesa dinâmicos**: Os sistemas de segurança adaptativos baseados em ML podem ajustar dinamicamente os controlos e políticas de segurança com base em cenários de ameaças em evolução e vectores de ataque em mudança. Ao aprenderem continuamente com novos dados e adaptarem as suas defesas em tempo real, as organizações podem combater eficazmente as ciberameaças sofisticadas e mitigar os riscos de segurança.

- **Avaliação contextual de ameaças**: Os algoritmos de IA podem contextualizar os alertas de segurança através da análise de factores como o comportamento do utilizador, o contexto da rede e as configurações do sistema. Ao considerar as informações contextuais, os sistemas de segurança podem avaliar com precisão a gravidade das ameaças e priorizar os esforços de resposta em conformidade.

1.2.1. VISÃO GERAL DA INTELIGÊNCIA ARTIFICIAL, DA APRENDIZAGEM AUTOMÁTICA E DA CIBERSEGURANÇA

Fornecer uma visão geral abrangente da Inteligência Artificial (IA), da Aprendizagem Automática (AM) e da Cibersegurança prepara o terreno para compreender os seus contributos individuais e o impacto coletivo na resposta aos desafios do panorama digital. Aqui, aprofundamos as nuances intrincadas de cada domínio:

1. **Inteligência Artificial (IA)**:
   - **Definição**: A IA refere-se à simulação da inteligência humana nas máquinas, permitindo-lhes realizar tarefas que normalmente requerem a cognição humana, como a resolução de problemas, a tomada de decisões e a compreensão da linguagem natural.
   - **Conceitos-chave**: A IA engloba vários subcampos, incluindo a aprendizagem automática, o processamento de linguagem natural, a visão por computador e a robótica. Os algoritmos de aprendizagem automática permitem que as máquinas aprendam com os dados e melhorem o seu desempenho ao longo do tempo sem programação explícita.
   - **Aplicações**: A IA encontra aplicações em diversos domínios, incluindo os cuidados de saúde (diagnóstico e planeamento de tratamentos), as

finanças (deteção de fraudes e avaliação de riscos), os transportes (veículos autónomos) e o serviço de apoio ao cliente (chatbots e assistentes virtuais).

2. **Aprendizagem automática (ML)**:

   - **Definição**: O ML é um subconjunto da IA que se centra no desenvolvimento de algoritmos e técnicas que permitem aos computadores aprender com os dados e fazer previsões ou tomar decisões sem serem explicitamente programados.
   - **Tipos de aprendizagem**: Os algoritmos de aprendizagem podem ser classificados em aprendizagem supervisionada, aprendizagem não supervisionada e aprendizagem por reforço. A aprendizagem supervisionada envolve o treino de modelos em dados etiquetados, enquanto a aprendizagem não supervisionada descobre padrões em dados não etiquetados. A aprendizagem por reforço envolve a aprendizagem por tentativa e erro com base em recompensas e penalizações.
   - **Algoritmos**: Os algoritmos comuns de ML incluem regressão linear, árvores de decisão, máquinas de vectores de suporte, redes neuronais e modelos de aprendizagem profunda. Estes algoritmos são utilizados para tarefas como a classificação, a regressão, o agrupamento e a deteção de anomalias.
   - **Aplicações**: O ML é aplicado em vários domínios, incluindo análise preditiva, sistemas de recomendação, reconhecimento de imagens, reconhecimento de voz e processamento de linguagem natural. As informações baseadas em ML permitem às organizações tomar decisões baseadas em dados, otimizar processos e proporcionar experiências personalizadas.

3. **Cibersegurança**:

   - **Definição**: A cibersegurança centra-se na proteção de sistemas informáticos, redes e dados contra o acesso não autorizado, ciberataques e violações de dados. Engloba tecnologias, processos e práticas concebidas para salvaguardar os activos digitais e atenuar os riscos de segurança.

- **Conceitos-chave**: A cibersegurança envolve vários componentes, incluindo a segurança da rede, a segurança dos terminais, a segurança das aplicações, a segurança dos dados e a gestão da identidade e do acesso. As medidas de segurança vão desde firewalls, software antivírus e encriptação a sistemas de deteção de intrusões e protocolos de segurança.

- **Desafios**: A cibersegurança enfrenta desafios como a evolução das ciberameaças, as preocupações com a privacidade dos dados, a conformidade regulamentar e a escassez de profissionais qualificados em cibersegurança. As organizações devem adotar medidas de segurança proactivas e manter-se a par das ameaças emergentes para se protegerem eficazmente contra os ciberataques.

- **Tecnologias**: A IA e o ML desempenham um papel significativo na cibersegurança, melhorando a deteção de ameaças, automatizando os mecanismos de resposta e permitindo medidas de segurança adaptáveis. As ferramentas de cibersegurança baseadas em IA analisam grandes quantidades de dados para identificar padrões indicativos de ciberameaças e prever potenciais violações da segurança.

1.2.2. INTERLIGAÇÃO E SINERGIAS ENTRE OS TRÊS DOMÍNIOS

Aprofundar a interligação e as sinergias entre a Inteligência Artificial (IA), a Aprendizagem Automática (AM) e a Cibersegurança é crucial para compreender como estes domínios se complementam e trabalham em conjunto para fortalecer as defesas digitais e mitigar as ciberameaças. Vamos analisar as relações complexas e os esforços de colaboração entre estes três domínios:

1. **Deteção de ameaças com base em IA:**

   - Os algoritmos de IA podem analisar vastos conjuntos de dados e identificar padrões indicativos de ciberameaças, como assinaturas de malware ou actividades de rede invulgares. Os modelos de ML, treinados em dados históricos, podem detetar anomalias e prever potenciais violações de segurança em tempo real. Ao tirar partido dos sistemas de deteção de ameaças orientados para a IA, as organizações podem identificar e responder proactivamente às ameaças à segurança antes que estas se agravem.

2. **Análise preditiva orientada por ML**:

- Os algoritmos de ML são excelentes na análise preditiva, aprendendo padrões e tendências a partir dos dados. Na cibersegurança, os modelos de ML podem prever ameaças emergentes com base em dados históricos e tendências actuais, permitindo às organizações antecipar e preparar-se para potenciais incidentes de segurança. A análise preditiva orientada por ML permite que as organizações implementem medidas de segurança preventivas e se mantenham à frente da evolução das ciberameaças.

3. **Resposta a incidentes com recurso a IA**:

- Os sistemas de resposta a incidentes com base em IA podem automatizar a deteção, análise e mitigação de incidentes de segurança. Os algoritmos de ML podem dar prioridade aos alertas de segurança, correlacionar eventos de segurança e iniciar acções de resposta automatizadas, como o isolamento de sistemas comprometidos ou o bloqueio de tráfego malicioso. Ao automatizar os processos de resposta a incidentes, as organizações podem minimizar os tempos de resposta e mitigar o impacto das violações de segurança.

4. **Análise comportamental e deteção de anomalias**:

- Os algoritmos de ML são adeptos da análise comportamental e da deteção de anomalias, permitindo às organizações identificar actividades suspeitas e potenciais violações de segurança. Ao analisar o comportamento do utilizador, os padrões de acesso e as interacções do sistema, os modelos de ML podem detetar anomalias que podem indicar acesso não autorizado ou intenções maliciosas. A análise comportamental e a deteção de anomalias são componentes essenciais das estratégias proactivas de cibersegurança.

5. **Medidas de segurança adaptáveis**:

- Os sistemas de segurança adaptativos orientados por IA podem ajustar dinamicamente os controlos e as políticas de segurança com base em cenários de ameaças em evolução e vectores de ataque em mudança. Os algoritmos de ML aprendem continuamente com novos dados e adaptam as suas defesas em tempo real, permitindo às organizações combater eficazmente as ciberameaças sofisticadas. As medidas de segurança adaptativas aumentam a resiliência contra ameaças emergentes e permitem que as organizações respondam rapidamente à evolução dos riscos cibernéticos.

6. **Informações baseadas em dados para a cibersegurança:**

- As tecnologias de IA e ML permitem que as organizações obtenham informações accionáveis a partir de dados de cibersegurança. Ao analisar os registos de segurança, o tráfego de rede e o comportamento dos utilizadores, as plataformas de análise baseadas em IA podem identificar tendências, padrões e correlações que podem indicar ameaças ou vulnerabilidades de segurança. As informações baseadas em dados permitem que as organizações tomem decisões informadas e priorizem as iniciativas de segurança de forma eficaz.

7. **Estratégias de segurança holísticas:**

- Ao tirar partido da interligação e das sinergias entre a IA, o ML e a cibersegurança, as organizações podem desenvolver estratégias de segurança holísticas que abordem a natureza multifacetada das ciberameaças. A integração da deteção de ameaças com base em IA, a análise preditiva orientada para o ML e as medidas de segurança adaptativas permitem às organizações fortalecer as suas defesas e responder eficazmente à evolução das ciberameaças.

CAPÍTULO II

FUNDAMENTOS DA INTELIGÊNCIA ARTIFICIAL

Os fundamentos da Inteligência Artificial (IA) fornecem uma compreensão abrangente dos princípios, técnicas e aplicações que estão na base desta tecnologia transformadora. Aqui, desenvolvemos os aspectos fundamentais da IA:

1. **Definição e âmbito de aplicação:**

   - A IA engloba a simulação de processos de inteligência humana por máquinas, permitindo-lhes realizar tarefas que normalmente requerem a cognição humana, como a resolução de problemas, a tomada de decisões e a compreensão da linguagem natural. O âmbito da IA estende-se a vários subdomínios, incluindo a aprendizagem automática, o processamento de linguagem natural, a visão computacional, a robótica e os sistemas especializados.

2. **Conceitos-chave:**

   - A compreensão de conceitos-chave como a representação do conhecimento, o raciocínio, a resolução de problemas e a aprendizagem é essencial para compreender os fundamentos da IA. A representação do conhecimento implica a codificação da informação num formato que as máquinas possam compreender e manipular. O raciocínio consiste em fazer inferências lógicas a partir da informação disponível, enquanto a resolução de problemas implica a conceção de algoritmos para atingir objectivos específicos. A aprendizagem refere-se à capacidade das máquinas para adquirirem conhecimentos e melhorarem o seu desempenho ao longo do tempo.

3. **Perspetiva histórica:**

   - A exploração da evolução histórica da IA fornece informações sobre as suas origens, marcos e descobertas. Desde o trabalho seminal de Alan Turing e da Conferência de Dartmouth, em 1956, até ao aparecimento de sistemas especializados na década de 1980 e ao renascimento das redes neuronais no século XXI, a história da IA destaca a sua progressão, desafios e realizações ao longo do tempo.

4. **Técnicas e algoritmos de IA:**

- Familiarizar-se com as técnicas e algoritmos de IA é fundamental para compreender o modo como os sistemas de IA funcionam e resolvem problemas complexos. As técnicas comuns de IA incluem sistemas baseados em regras, algoritmos de pesquisa, redes neuronais, algoritmos genéticos e aprendizagem por reforço. Cada técnica tem os seus pontos fortes e as suas limitações, e a seleção do algoritmo adequado depende da natureza do problema e dos dados disponíveis.

5. **Aplicações e impacto:**

- A exploração das aplicações reais da IA em diversos domínios, como os cuidados de saúde, as finanças, os transportes, o entretenimento e a cibersegurança, demonstra o impacto transformador da IA na sociedade e na economia. Desde o diagnóstico médico e a medicina personalizada até aos veículos autónomos e aos assistentes virtuais, as tecnologias de IA estão a revolucionar as indústrias, a aumentar a produtividade e a melhorar a qualidade de vida.

6. **Implicações éticas e sociais:**

- Considerar as implicações éticas e sociais da IA é essencial para o desenvolvimento e a implantação responsáveis. As considerações éticas incluem questões como o enviesamento algorítmico, a transparência, a responsabilidade, a privacidade e a deslocação de postos de trabalho. Para responder a estas preocupações, são necessários quadros éticos, regulamentos e directrizes para garantir que as tecnologias de IA são desenvolvidas e utilizadas de forma a beneficiar a sociedade, minimizando os potenciais danos.

2.1 BÁSICAS DA IA: CONCEITOS E TERMINOLOGIA

A Inteligência Artificial (IA) engloba uma vasta gama de técnicas e metodologias destinadas a criar sistemas que possam imitar a inteligência humana para realizar tarefas como o raciocínio, a resolução de problemas, a aprendizagem e a perceção. Compreender os conceitos fundamentais e a terminologia é crucial para compreender os princípios subjacentes aos sistemas de IA. Nesta secção, aprofundamos os conceitos fundamentais e a terminologia essencial para compreender a tecnologia de IA.

Representação do conhecimento:

A representação do conhecimento é o processo de estruturação da informação num formato que pode ser interpretado e manipulado por sistemas de IA. São utilizadas várias técnicas, como as redes semânticas, os quadros e as ontologias, para representar o conhecimento numa forma adequada ao processamento computacional. Isto permite que os sistemas de IA compreendam e raciocinem sobre o mundo com base na informação que possuem.

Raciocínio:

O raciocínio refere-se ao processo cognitivo de tirar conclusões ou fazer inferências com base na informação disponível. Na IA, o raciocínio desempenha um papel crucial nas tarefas de tomada de decisões e de resolução de problemas. Os sistemas de IA utilizam diferentes tipos de raciocínio, incluindo o raciocínio dedutivo, indutivo e adutivo, para tirar conclusões lógicas a partir de dados e observações.

Resolução de problemas:

A resolução de problemas implica encontrar soluções para problemas complexos através da aplicação de algoritmos e técnicas computacionais. Na IA, a resolução de problemas é um aspeto central e são utilizadas várias abordagens, como algoritmos de pesquisa, satisfação de restrições e técnicas de otimização, para resolver diversos domínios problemáticos. Os algoritmos de IA visam encontrar soluções óptimas para os problemas de forma eficiente, recorrendo frequentemente a técnicas inspiradas nas estratégias humanas de resolução de problemas.

Aprender:

A aprendizagem é o processo pelo qual os sistemas de IA adquirem conhecimentos ou melhoram o seu desempenho com base na experiência. Nas aplicações de IA, são utilizados diferentes tipos de aprendizagem, incluindo a aprendizagem supervisionada, a aprendizagem não supervisionada e a aprendizagem por reforço. A aprendizagem supervisionada envolve o treino de modelos de IA em dados etiquetados, a aprendizagem não supervisionada envolve a descoberta de padrões em dados não etiquetados e a aprendizagem por reforço envolve a aprendizagem de acções óptimas através de tentativa e erro e de feedback do ambiente.

Compreender estes conceitos fundamentais em IA fornece as bases para explorar tópicos e aplicações mais avançados em inteligência artificial, aprendizagem automática e cibersegurança. À medida que nos aprofundamos na tecnologia de IA, iremos explorar mais profundamente estes conceitos e as suas aplicações em cenários do mundo real.

2.1.1 INTRODUÇÃO À INTELIGÊNCIA ARTIFICIAL (I.A.)

* **Definição de IA**

A Inteligência Artificial (IA) refere-se à simulação de processos de inteligência humana por máquinas. Estes processos incluem a aprendizagem, o raciocínio, a resolução de problemas, a perceção e a compreensão da linguagem. Os sistemas de IA têm como objetivo imitar a inteligência humana para realizar tarefas que normalmente requerem a cognição humana, como a tomada de decisões, o processamento de linguagem natural e o reconhecimento de padrões.

* **Importância e significado na era digital**

A IA tem uma enorme importância e significado na era digital devido a várias razões:

1. **Automatização**: A IA permite a automatização de tarefas repetitivas, levando a uma maior eficiência e produtividade em vários sectores.

2. **Análise de dados**: Os algoritmos de IA podem analisar grandes quantidades de dados para extrair informações significativas e tomar decisões baseadas em dados.

3. **Inovação**: A IA promove a inovação ao permitir o desenvolvimento de novos produtos, serviços e modelos de negócio. Impulsiona os avanços tecnológicos e incentiva a experimentação.

4. **Personalização**: A IA permite experiências personalizadas para os utilizadores, analisando as suas preferências, comportamentos e interacções.

5. **Resolução de problemas**: Os sistemas de IA podem resolver problemas e desafios complexos que são difíceis de resolver pelos humanos, conduzindo a avanços em áreas como os cuidados de saúde, as finanças e a investigação científica.

6. **Vantagem competitiva**: As organizações que tiram partido do poder da IA obtêm uma vantagem competitiva ao tirarem partido de conhecimentos, automatização e capacidades preditivas orientados para a IA.

- **Visão geral das aplicações de IA em todos os sectores**

A IA encontra aplicações numa vasta gama de sectores, incluindo, mas não se limitando a:

1. **Cuidados de saúde**: A IA é utilizada para análise de imagens médicas, diagnóstico de doenças, descoberta de medicamentos, planeamento de tratamentos personalizados e monitorização remota de pacientes.

2. **Finanças**: A IA potencia a negociação algorítmica, a deteção de fraudes, a pontuação de crédito, a gestão de riscos, os chatbots de atendimento ao cliente e as recomendações financeiras personalizadas.

3. **Transportes**: A IA permite veículos autónomos, sistemas de gestão de tráfego, manutenção preditiva para veículos e infra-estruturas e otimização de rotas para logística.

4. **Retalho**: A IA é utilizada para previsão da procura, gestão de inventário, recomendações personalizadas de produtos, chatbots para atendimento ao cliente e pesquisa visual para comércio eletrónico.

5. **Entretenimento**: A IA potencia os sistemas de recomendação para plataformas de streaming, a criação de conteúdos (por exemplo, composição de música, criação de vídeos) e os assistentes virtuais para jogos.

6. **Cibersegurança**: A IA é utilizada para a deteção de ameaças, deteção de anomalias, análise de comportamentos, deteção de malware e resposta automatizada a incidentes.

7. **Fabrico**: A IA permite a manutenção preditiva, o controlo da qualidade, a otimização da cadeia de abastecimento e processos de fabrico adaptáveis.

8. **Educação**: A IA facilita experiências de aprendizagem personalizadas, sistemas de tutoria adaptáveis, classificação automática e criação inteligente de conteúdos educativos.

1. CONCEITOS-CHAVE EM IA

A Inteligência Artificial (IA) engloba vários conceitos fundamentais que constituem a base do seu funcionamento e funcionalidade. Compreender estes conceitos-chave é essencial para compreender os princípios e as técnicas subjacentes aos sistemas de IA. Aqui, aprofundamos quatro conceitos-chave da IA:

a. Representação do conhecimento:

A representação do conhecimento envolve a codificação da informação num formato que as máquinas possam compreender e manipular. Este processo é essencial para permitir que os sistemas de IA processem e raciocinem eficazmente sobre informações complexas.

- **Explicação das técnicas de representação do conhecimento**: São utilizadas várias técnicas para a representação do conhecimento, incluindo representações simbólicas (como representações baseadas na lógica e redes semânticas), representações estatísticas (como modelos gráficos probabilísticos e redes Bayesianas) e representações híbridas que combinam abordagens simbólicas e estatísticas.

- **Importância para permitir que as máquinas processem e manipulem informações**: Uma representação eficaz do conhecimento permite que os sistemas de IA organizem, armazenem e recuperem informações de forma eficiente. Ao representar o conhecimento num formato estruturado, as máquinas podem realizar tarefas como o raciocínio, a tomada de decisões e a resolução de problemas com base na informação disponível.

b. Raciocínio:

O raciocínio é o processo de retirar inferências lógicas da informação disponível para chegar a conclusões ou tomar decisões. Desempenha um papel crucial nos sistemas de IA para as tarefas de tomada de decisões e de resolução de problemas.

- **Definição e tipos de raciocínio**: O raciocínio pode ser classificado em três tipos principais: raciocínio dedutivo, raciocínio indutivo e raciocínio abdutivo.

O raciocínio dedutivo consiste em obter conclusões específicas a partir de princípios ou regras gerais. O raciocínio indutivo consiste em inferir princípios ou regras gerais a partir de observações ou dados específicos. O raciocínio abdutivo consiste em gerar explicações ou hipóteses plausíveis para explicar os fenómenos observados.

- **Papel do raciocínio nos sistemas de IA**: Os mecanismos de raciocínio permitem aos sistemas de IA analisar e interpretar dados, tirar conclusões lógicas e tomar decisões informadas. Quer se trate de deduzir consequências lógicas de um conjunto de regras, de induzir padrões a partir de dados ou de gerar hipóteses para explicar fenómenos observados, o raciocínio constitui a base das capacidades cognitivas dos sistemas de IA.

c. Resolução de problemas:

A resolução de problemas é um aspeto fundamental da IA, envolvendo o desenvolvimento e a aplicação de algoritmos e técnicas para encontrar soluções para problemas complexos.

- **Introdução às técnicas de resolução de problemas em IA**: A IA utiliza várias técnicas de resolução de problemas, incluindo algoritmos de pesquisa, satisfação de restrições, algoritmos de otimização e métodos baseados em heurísticas. Estas técnicas permitem aos sistemas de IA explorar espaços de solução, avaliar alternativas e identificar soluções óptimas ou satisfatórias para determinados problemas.
- **Exemplos de algoritmos de IA para a resolução de problemas**: Os exemplos de algoritmos de IA para a resolução de problemas incluem a pesquisa em profundidade, a pesquisa em largura, a pesquisa A*, a propagação de restrições, o retrocesso, os algoritmos genéticos e o recozimento simulado. Cada algoritmo tem os seus pontos fortes e fracos e é adequado para diferentes domínios de problemas e restrições.

d. Aprendizagem:

A aprendizagem é um aspeto fundamental da IA, permitindo que as máquinas adquiram conhecimentos e melhorem o seu desempenho ao longo do tempo através da experiência ou da formação.

- **Compreender o conceito de aprendizagem em IA**: A aprendizagem em IA refere-se ao processo pelo qual as máquinas adquirem conhecimentos ou competências a partir de dados, exemplos ou feedback. Permite aos sistemas de IA adaptarem-se a novos ambientes, tarefas ou situações com base em experiências anteriores.

- **Diferentes tipos de aprendizagem**: A aprendizagem de IA pode ser classificada em três tipos principais: aprendizagem supervisionada, aprendizagem não supervisionada e aprendizagem por reforço. A aprendizagem supervisionada envolve a aprendizagem a partir de dados rotulados, em que o algoritmo é treinado em pares de entrada-saída para aprender uma função de mapeamento. A aprendizagem não supervisionada envolve a aprendizagem de padrões ou estruturas a partir de dados não rotulados sem supervisão explícita. A aprendizagem por reforço envolve a aprendizagem por tentativa e erro, interagindo com um ambiente e recebendo feedback sob a forma de recompensas ou penalizações.

- **Importância dos algoritmos de aprendizagem nas aplicações de IA**: Os algoritmos de aprendizagem são fundamentais para muitas aplicações de IA, incluindo o reconhecimento de padrões, a modelação preditiva, o processamento de linguagem natural e a tomada de decisões autónoma. Ao aprender com os dados, os sistemas de IA podem generalizar a partir de experiências passadas, adaptar-se a novos cenários e melhorar o seu desempenho ao longo do tempo, tornando-os mais eficazes e eficientes na resolução de problemas do mundo real.

Compreender estes conceitos-chave em IA fornece uma base sólida para explorar tópicos e aplicações avançadas em inteligência artificial, aprendizagem automática e cibersegurança. Estes conceitos estão na base do desenvolvimento e da implantação de sistemas de IA em vários domínios, impulsionando a inovação e moldando o futuro da tecnologia e da sociedade.

2. TIPOS DE INTELIGÊNCIA ARTIFICIAL

A Inteligência Artificial (IA) pode ser classificada em dois tipos principais: IA estreita (IA fraca) e IA geral (IA forte). Compreender a distinção entre estes tipos e as suas aplicações é crucial para compreender o estado atual e as perspectivas futuras da IA.

Diferenciação entre IA estreita e IA geral:

1. **IA estreita (IA fraca):**
   - Os sistemas de IA restritos são concebidos para executar tarefas específicas num domínio ou contexto limitado.
   - Estes sistemas são excelentes na execução de tarefas predefinidas e não são capazes de generalizar para além do âmbito que lhes foi atribuído.
   - Exemplos de aplicações estreitas de IA incluem assistentes virtuais (por exemplo, Siri, Alexa), sistemas de recomendação (por exemplo, o algoritmo de recomendação da Netflix) e veículos autónomos (por exemplo, carros autónomos).

2. **IA geral (IA forte):**
   - A IA geral refere-se a sistemas de IA com inteligência e capacidades cognitivas de nível humano numa vasta gama de tarefas e domínios.
   - Ao contrário da IA restrita, que se centra em tarefas especializadas, a IA geral possui a capacidade de raciocínio, resolução de problemas, aprendizagem e compreensão de conceitos complexos.
   - A concretização da IA geral continua a ser um objetivo a longo prazo e coloca desafios técnicos e éticos significativos.

Exemplos e aplicações de sistemas de IA estreitos:

- **Cuidados de saúde**: Os sistemas de IA estreita são utilizados para análise de imagens médicas, diagnóstico de doenças, medicina personalizada e assistentes de saúde virtuais.
- **Finanças**: Os chatbots alimentados por IA, os sistemas de negociação algorítmica, os algoritmos de deteção de fraudes e os modelos de pontuação de crédito são exemplos de aplicações estreitas de IA no sector financeiro.
- **Transportes**: Os automóveis autónomos, os sistemas de gestão de tráfego e os algoritmos de otimização de rotas utilizam tecnologias de IA estreitas.
- **Cibersegurança**: As ferramentas de deteção de ameaças, deteção de anomalias e análise de malware baseadas em IA são implantadas para melhorar as defesas de cibersegurança.

Discussão sobre o estado atual e as perspectivas futuras da IA geral:

O estado atual da IA consiste essencialmente em aplicações estreitas de IA que se destacam em tarefas específicas, mas que não têm a generalidade e a adaptabilidade da inteligência humana. A IA geral, capaz de raciocínio e compreensão semelhantes aos do ser humano, continua a ser um conceito teórico e um tema de investigação e especulação em curso. A concretização da IA geral coloca inúmeros desafios técnicos, éticos e sociais, nomeadamente garantir a segurança, evitar preconceitos e enfrentar os riscos existenciais.

3. TERMINOLOGIA DA IA

A Inteligência Artificial (IA) engloba várias terminologias e subcampos, cada um deles desempenhando um papel crucial no avanço das tecnologias e aplicações de IA. Esta secção apresenta uma panorâmica da terminologia fundamental da IA, incluindo Aprendizagem Automática (AM), Redes Neuronais, Aprendizagem Profunda, Processamento de Linguagem Natural (PLN) e Visão por Computador.

a. Aprendizagem automática (ML):

- **Definição e visão geral das técnicas de ML**: A aprendizagem automática envolve o desenvolvimento de algoritmos que permitem aos computadores aprender com os dados e melhorar o seu desempenho ao longo do tempo sem serem explicitamente programados. As técnicas de aprendizagem automática incluem a aprendizagem supervisionada, a aprendizagem não supervisionada e a aprendizagem por reforço.

- **Distinção entre aprendizagem supervisionada, não supervisionada e por reforço**: A aprendizagem supervisionada envolve a aprendizagem a partir de dados etiquetados para prever resultados, a aprendizagem não supervisionada envolve a descoberta de padrões e estruturas em dados não etiquetados e a aprendizagem por reforço envolve a aprendizagem por tentativa e erro, interagindo com um ambiente e recebendo feedback.

b. Redes Neuronais:

- **Introdução às arquitecturas e componentes das redes neuronais**: As redes neurais são modelos computacionais inspirados na estrutura e função do cérebro humano. São constituídas por nós interligados (neurónios) organizados em camadas, incluindo camadas de entrada, oculta e de saída.

- **Explicação das redes neurais feedforward, recorrentes e convolucionais**: As redes neurais feedforward propagam os dados de entrada através de camadas de neurónios sem circuitos de feedback, as redes neurais recorrentes incorporam ligações de feedback para permitir o processamento sequencial e as redes neurais convolucionais são especializadas no processamento de dados em grelha, como imagens.

c. Aprendizagem profunda:

- **Entendendo os princípios da aprendizagem profunda**: A aprendizagem profunda é um subcampo da aprendizagem automática que utiliza redes neurais profundas com várias camadas (arquitecturas profundas) para aprender padrões complexos a partir de dados. Ele se destaca em tarefas como reconhecimento de imagem, reconhecimento de fala e processamento de linguagem natural.
- **Aplicações e avanços nos modelos de aprendizagem profunda**: Os modelos de aprendizagem profunda têm sido aplicados a vários domínios, incluindo a visão por computador, o reconhecimento da fala, a tradução de línguas e os veículos autónomos. Os recentes avanços na aprendizagem profunda, como as arquitecturas de transformadores e as redes adversárias generativas, expandiram ainda mais as capacidades dos sistemas de IA.

d. Processamento de linguagem natural (PNL):

- **Visão geral das tarefas e técnicas de PNL**: O processamento de linguagem natural envolve a interação entre os computadores e a linguagem humana. As tarefas de PNL incluem a classificação de textos, a análise de sentimentos, o reconhecimento de entidades nomeadas, a tradução de línguas e a criação de textos.
- **Exemplos de aplicações de PNL**: As aplicações de PNL vão desde assistentes virtuais (por exemplo, Siri, Google Assistant) e chatbots a serviços de tradução de línguas (por exemplo, Google Translate) e ferramentas de análise de sentimentos utilizadas na monitorização de redes sociais.

e. Visão por computador:

- **Explicação das tarefas e desafios da visão computacional**: A visão computacional é o domínio da IA que permite aos computadores interpretar e analisar informações visuais de imagens ou vídeos. As tarefas incluem o reconhecimento de imagens, a deteção de objectos, a segmentação de imagens e a compreensão de cenas.

- **Aplicações em reconhecimento de imagens, deteção de objectos e análise de vídeo**: As tecnologias de visão por computador são aplicadas em vários domínios, incluindo veículos autónomos, sistemas de vigilância, imagiologia médica, realidade aumentada e automação industrial.

Compreender estas terminologias e subdomínios da IA fornece uma base para explorar conceitos e aplicações avançadas de IA, impulsionar a inovação e moldar o futuro da tecnologia.

4. APLICAÇÕES DA IA

As aplicações de IA abrangem uma vasta gama de indústrias e domínios, revolucionando processos, melhorando a eficiência e impulsionando a inovação. Aqui, exploramos estudos de caso e exemplos que demonstram aplicações de IA em diversos domínios e examinamos o impacto da IA nas principais indústrias.

Estudos de casos e exemplos:

1. **Cuidados de saúde**: Os sistemas de diagnóstico alimentados por IA, como o IBM Watson Health, ajudam os profissionais de saúde a diagnosticar doenças e a recomendar planos de tratamento com base em dados médicos e no historial do paciente. Além disso, as ferramentas de imagiologia médica com IA, como o DeepMind da Google, melhoram a precisão na identificação de anomalias em exames médicos.

2. **Finanças**: Os algoritmos de IA são utilizados em sistemas de negociação algorítmica para analisar as tendências do mercado e executar transacções com rapidez e precisão. Além disso, os chatbots alimentados por IA, como o Erica do Bank of America, fornecem aconselhamento financeiro personalizado e assistência aos clientes.

3. **Transportes**: Os automóveis autónomos, desenvolvidos por empresas como a Tesla e a Waymo, utilizam tecnologias de IA, incluindo a visão por computador e a aprendizagem automática, para navegar nas estradas de forma autónoma e melhorar a segurança. Os algoritmos de otimização de rotas

baseados em IA também optimizam a logística e as redes de transporte, reduzindo o consumo de combustível e os tempos de entrega.

4. **Cibersegurança**: Os sistemas de cibersegurança alimentados por IA, como o Darktrace, empregam algoritmos de aprendizagem automática para detetar e responder a ciberameaças em tempo real. Estes sistemas analisam padrões de tráfego de rede, identificam comportamentos anómalos e atenuam potenciais violações de segurança antes de estas ocorrerem.

Impacto nos sectores:

- **Cuidados de saúde**: A IA melhora os cuidados prestados aos doentes, melhorando a precisão dos diagnósticos, optimizando os planos de tratamento e reduzindo os custos dos cuidados de saúde. Também acelera os processos de descoberta e desenvolvimento de medicamentos, levando à introdução de novas terapias e tratamentos.

- **Finanças**: Os serviços financeiros orientados para a IA simplificam as operações, automatizam as tarefas de rotina e proporcionam experiências personalizadas aos clientes. No entanto, também levantam preocupações relativamente aos riscos de negociação algorítmica e potenciais enviesamentos nos processos de tomada de decisão.

- **Transportes**: As tecnologias de IA revolucionam os sistemas de transportes, permitindo veículos autónomos, optimizando o fluxo de tráfego e melhorando a segurança pública. No entanto, colocam desafios relacionados com quadros regulamentares, requisitos de infra-estruturas e aceitação pública.

- **Cibersegurança**: A IA reforça as defesas de cibersegurança, detectando e mitigando as ciberameaças de forma mais eficaz. No entanto, também introduz novas vulnerabilidades e riscos, como os ataques adversários e o malware impulsionado pela IA.

5. CONSIDERAÇÕES ÉTICAS EM IA

À medida que as tecnologias de IA continuam a avançar, é essencial abordar os desafios e implicações éticas para garantir um desenvolvimento e implementação responsáveis. Esta secção aborda várias considerações éticas na IA, incluindo preconceitos algorítmicos, preocupações com a privacidade e impactos sociais.

Pontos de discussão:

1. **Preconceito algorítmico**: Os algoritmos de IA podem exibir preconceitos com base nos dados em que são treinados, levando a resultados discriminatórios. É crucial mitigar o enviesamento e garantir a justiça nos sistemas de IA, particularmente nos processos de tomada de decisão que afectam indivíduos ou comunidades.

2. **Preocupações com a privacidade**: Os sistemas de IA dependem frequentemente de grandes quantidades de dados pessoais para funcionarem eficazmente. A proteção dos direitos de privacidade dos indivíduos e a garantia da segurança dos dados são fundamentais para criar confiança e promover a adoção de tecnologias de IA.

3. **Impactos sociais**: A IA tem implicações sociais de grande alcance, incluindo a deslocação de empregos, a desigualdade económica e as mudanças na dinâmica do poder. A abordagem destes impactos requer medidas proactivas, tais como programas de requalificação, redes de segurança social e orientações éticas para o desenvolvimento e implementação da IA.

2.1.2. O PAPEL DA I.A. NA EVOLUÇÃO DA TECNOLOGIA MODERNA

Introdução à influência da IA

Apresentamos a IA como uma força disruptiva que reformulou fundamentalmente os cenários tecnológicos modernos. Ao tirar partido dos algoritmos e estruturas de IA, as indústrias testemunharam avanços significativos na automatização, personalização, análise de dados e inovação.

Automatização e eficiência

A IA impulsiona a automação em todos os sectores, optimizando processos e melhorando a eficiência. Do fabrico à logística, os sistemas de robótica e automação alimentados por IA simplificam as operações, reduzem os custos e melhoram a produtividade.

Personalização e experiência do utilizador

A IA permite experiências personalizadas através da análise dos dados e das preferências dos utilizadores. Os sistemas de recomendação em plataformas de comércio eletrónico, a personalização de conteúdos em serviços de streaming e os assistentes virtuais exemplificam a forma como a IA melhora as experiências dos utilizadores ao fornecer conteúdos e serviços personalizados.

Análise de dados e percepções

A IA permite obter informações valiosas a partir de vastos conjuntos de dados, facilitando a tomada de decisões com base em dados. Através de algoritmos de aprendizagem automática, as organizações extraem informações accionáveis, prevêem tendências e identificam padrões para impulsionar a inovação e a competitividade.

Inovação e criatividade

A IA promove a inovação e a criatividade ao aumentar as capacidades humanas. Os modelos de IA generativa, como as redes adversariais generativas (GAN), geram novas concepções, obras de arte e soluções, ultrapassando os limites da criatividade em vários domínios.

Cuidados de saúde e biotecnologia melhorados

A IA revoluciona os cuidados de saúde e a biotecnologia, permitindo a medicina de precisão, a análise de imagens médicas, a descoberta de medicamentos e a sequenciação genómica. Os diagnósticos e o planeamento de tratamentos baseados em IA melhoram os cuidados aos doentes, acelerando simultaneamente os avanços na investigação médica.

Cidades e infra-estruturas inteligentes

A IA desempenha um papel fundamental na construção de cidades inteligentes e infra-estruturas sustentáveis. Através de algoritmos de otimização orientados para a IA, os planeadores urbanos optimizam os sistemas de transporte, o consumo de energia e a gestão de resíduos, promovendo o desenvolvimento sustentável e a eficiência dos recursos.

CONCLUSÃO

Em conclusão, o capítulo sobre as bases da IA: Conceitos e Terminologia forneceu uma compreensão fundamental dos principais conceitos e terminologia essenciais para navegar no domínio da Inteligência Artificial (IA) na era digital.

Ao longo deste capítulo, explorámos conceitos fundamentais como a IA restrita e a IA geral, distinguindo entre sistemas especializados orientados para tarefas e o objetivo ambicioso de uma inteligência semelhante à humana em diversos domínios. Além disso, aprofundámos terminologias essenciais de IA, incluindo Aprendizagem Automática (ML), Redes Neuronais, Aprendizagem Profunda, Processamento de Linguagem Natural (PNL) e Visão por Computador, elucidando os seus papéis e aplicações em sistemas de IA.

A importância da literacia em IA na era digital não pode ser exagerada. À medida que as tecnologias de IA continuam a moldar o nosso mundo, a compreensão destes conceitos e terminologias é crucial tanto para os indivíduos como para as organizações. A literacia em IA permite que os indivíduos tomem decisões informadas, participem em debates sobre os impactos sociais da IA e contribuam de forma significativa para o desenvolvimento e a implementação de soluções de IA.

2.2 APLICAÇÕES DA IA EM TODOS OS SECTORES

Uma exploração extensiva da forma como a Inteligência Artificial (IA) está a transformar diversos sectores e indústrias através das suas vastas aplicações.

Introdução à omnipresença da IA

Começamos por destacar a natureza omnipresente das aplicações de IA em todos os sectores, realçando o seu papel como tecnologia transformadora que impulsiona a inovação, a eficiência e a competitividade.

Sector da saúde

As aplicações de IA nos cuidados de saúde abrangem um vasto espetro de casos de utilização, incluindo a análise de imagens médicas, o diagnóstico de doenças, o planeamento de tratamentos personalizados, a descoberta de medicamentos e a monitorização de pacientes. Ao tirar partido dos algoritmos de IA, os prestadores de cuidados de saúde podem melhorar a precisão do diagnóstico, otimizar os protocolos de tratamento e melhorar os resultados dos pacientes.

Sector financeiro

No sector financeiro, as soluções baseadas em IA são implementadas para deteção de fraudes, avaliação de riscos, negociação algorítmica, automatização do serviço ao cliente e aconselhamento financeiro personalizado. A análise baseada em IA permite às instituições financeiras detetar actividades fraudulentas, mitigar riscos e fornecer produtos e serviços financeiros personalizados aos clientes.

Gestão da produção e da cadeia de abastecimento

As tecnologias de IA optimizam os processos de fabrico e as operações da cadeia de fornecimento através de manutenção preditiva, previsão da procura, gestão de inventário e robótica autónoma. Ao tirar partido das informações baseadas em IA, os fabricantes podem melhorar a eficiência operacional, reduzir o tempo de inatividade e otimizar a utilização de recursos em toda a cadeia de abastecimento.

Retalho e comércio eletrónico

A IA revoluciona os sectores do retalho e do comércio eletrónico, permitindo recomendações personalizadas, preços dinâmicos, análise do sentimento do cliente e assistentes de compras virtuais. Os chatbots e os assistentes virtuais alimentados por IA aumentam o envolvimento e a satisfação do cliente, impulsionando as vendas e a fidelidade à marca.

Transportes e logística

Nos transportes e na logística, as aplicações de IA incluem a otimização de rotas, a manutenção preditiva, os veículos autónomos e os sistemas inteligentes de gestão de tráfego. Os algoritmos orientados para a IA optimizam as redes de transportes, reduzem o congestionamento e aumentam a segurança através da monitorização e da tomada de decisões em tempo real.

Energia e serviços públicos

As tecnologias de IA optimizam a produção, distribuição e consumo de energia, prevendo a procura de energia, optimizando as operações da rede e melhorando a eficiência energética. As soluções baseadas em IA permitem aos serviços públicos gerir recursos de energia renovável, reduzir as emissões de carbono e melhorar a fiabilidade geral da rede.

Agricultura e indústria alimentar

As aplicações de IA na agricultura abrangem a monitorização das culturas, a otimização do rendimento, a deteção de pragas e a análise preditiva para a previsão meteorológica e a gestão das culturas. Ao aproveitar as informações baseadas em IA, os agricultores podem aumentar o rendimento das colheitas, minimizar o desperdício de recursos e garantir práticas agrícolas sustentáveis.

Media e Entretenimento

Na indústria dos media e do entretenimento, a IA é utilizada para recomendação de conteúdos, criação de conteúdos personalizados, segmentação de audiências e proteção de direitos de autor. Os algoritmos orientados para a IA melhoram a descoberta de conteúdos, o envolvimento e as estratégias de monetização para empresas de media e criadores de conteúdos.

Ao longo do capítulo, ilustramos como as aplicações de IA transcendem as fronteiras tradicionais, revolucionando as indústrias e impulsionando a transformação digital. Ao adotar as tecnologias de IA, as organizações podem desbloquear novas oportunidades, otimizar as operações e manter-se competitivas num mundo cada vez mais digitalizado.

2.2.1. EXEMPLOS DE IMPLEMENTAÇÃO DA IA NOS CUIDADOS DE SAÚDE, FINANÇAS E TRANSPORTES

Sector da saúde

- **Análise de imagens médicas:** Os algoritmos de IA analisam imagens médicas, como radiografias, ressonâncias magnéticas e tomografias computorizadas, para ajudar os radiologistas a diagnosticar doenças como tumores, fracturas e anomalias com maior precisão e eficiência.
- **Diagnóstico de doenças:** As ferramentas de diagnóstico alimentadas por IA tiram partido dos dados e registos médicos dos pacientes para ajudar os médicos a diagnosticar doenças, prever resultados e recomendar planos de tratamento com base em orientações e melhores práticas baseadas em provas.
- **Descoberta de medicamentos:** A IA acelera os processos de descoberta de medicamentos, analisando estruturas moleculares, identificando potenciais candidatos a medicamentos, prevendo a sua eficácia e perfis de segurança e optimizando a conceção de medicamentos através de rastreio virtual e simulações moleculares.

Sector financeiro

- **Deteção de fraudes:** Os sistemas de deteção de fraude baseados em IA analisam os dados transaccionais, os comportamentos dos utilizadores e os padrões para identificar actividades suspeitas, transacções não autorizadas e comportamentos fraudulentos em tempo real, mitigando assim as perdas financeiras e protegendo os activos dos clientes.

- **Negociação algorítmica:** Os algoritmos de IA analisam as tendências do mercado, o sentimento das notícias e os dados históricos de negociação para executar estratégias de negociação automatizadas, otimizar a gestão de carteiras e gerar retornos alfa para os investidores através de estratégias de negociação quantitativas.
- **Automatização do serviço ao cliente:** Os chatbots e assistentes virtuais alimentados por IA tratam das questões dos clientes, fornecem aconselhamento financeiro personalizado e facilitam as transacções, aumentando o envolvimento, a satisfação e a retenção dos clientes.

Transportes e logística

- **Veículos autónomos:** A IA permite que os veículos autónomos naveguem em ambientes complexos, detectem obstáculos, interpretem sinais de trânsito e tomem decisões em tempo real para garantir um transporte seguro e eficiente. As tecnologias de condução autónoma prometem revolucionar a mobilidade, reduzir os acidentes e otimizar o fluxo de tráfego.
- **Otimização de rotas:** Os algoritmos de IA optimizam as rotas de transporte, os horários e as operações de logística, analisando os padrões de tráfego, as condições meteorológicas e as restrições de entrega para minimizar o consumo de combustível, reduzir os tempos de entrega e otimizar a atribuição de recursos.
- **Manutenção preditiva:** Os sistemas de manutenção preditiva orientados por IA monitorizam o estado dos veículos, analisam os dados dos sensores e detectam anomalias para programar as actividades de manutenção de forma proactiva, evitar avarias e otimizar as operações da frota.

2.2.2. IMPACTO E PERSPECTIVAS FUTURAS DA IA EM VÁRIOS SECTORES

Sector da saúde:

- **Melhores resultados para os pacientes:** As ferramentas de diagnóstico e as recomendações de tratamento baseadas em IA aumentam a precisão, a eficiência e a rapidez na deteção e gestão de doenças, conduzindo a melhores resultados para os doentes e à redução dos custos dos cuidados de saúde.

- **Medicina de precisão:** A IA permite planos de tratamento personalizados com base em dados individuais dos pacientes, perfis genéticos e características da doença, revolucionando a prestação de cuidados de saúde ao adaptar as terapias às necessidades e preferências específicas dos pacientes.

Sector financeiro:

- **Gestão de riscos melhorada:** Os modelos de avaliação de riscos e os sistemas de deteção de fraudes baseados em IA melhoram as estratégias de mitigação de riscos, reduzem as perdas financeiras e melhoram a conformidade regulamentar nas instituições bancárias e financeiras.
- **Robo-conselheiros:** Os robo-consultores orientados por IA fornecem aconselhamento de investimento personalizado, gestão de carteiras e serviços de planeamento financeiro a investidores de retalho, democratizando o acesso a soluções de gestão de património.

Sector dos transportes:

- **Veículos autónomos:** Os veículos autónomos com IA prometem revolucionar os transportes, melhorando a segurança, reduzindo os acidentes e optimizando o fluxo de tráfego através de capacidades de condução autónoma, sensores avançados e tomada de decisões em tempo real.
- **Sistemas de transporte inteligentes:** Os algoritmos de otimização orientados para a IA e a análise preditiva melhoram os sistemas de transportes públicos, a mobilidade urbana e as operações de logística, optimizando as rotas, reduzindo o congestionamento e melhorando a eficiência energética.

Indústria transformadora:

- **Indústria 4.0:** A automação alimentada por IA, a robótica e os dispositivos IoT permitem fábricas inteligentes e processos de fabrico digital, conduzindo a um aumento da produtividade, redução do tempo de inatividade e melhoria da qualidade dos produtos.

- **Manutenção preditiva:** Os sistemas de manutenção preditiva orientados por IA monitorizam o estado do equipamento, detectam anomalias e programam actividades de manutenção de forma proactiva, minimizando o tempo de inatividade não planeado e optimizando a utilização dos activos.

Retalho e comércio eletrónico:

- **Hiperpersonalização:** Os motores de recomendação, chatbots e assistentes virtuais alimentados por IA proporcionam experiências de compra personalizadas, recomendações de produtos e serviços de apoio ao cliente, impulsionando o envolvimento, a satisfação e a lealdade do cliente.

- **Otimização da cadeia de fornecimento:** Os algoritmos de IA optimizam a gestão do inventário, a previsão da procura e as operações logísticas, reduzindo as interrupções na cadeia de fornecimento, minimizando os custos e melhorando a eficiência operacional.

Perspectivas futuras:

- **Ética e governação da IA:** Abordar as preocupações éticas, garantir a transparência algorítmica e promover o desenvolvimento responsável da IA será fundamental para criar confiança, atenuar os riscos e promover a aceitação social das tecnologias de IA.

- **Regulamentação e política de IA:** Os governos e os organismos reguladores devem estabelecer directrizes, normas e regulamentos claros para reger o desenvolvimento, a implantação e a utilização da IA, equilibrando a inovação com a privacidade, a segurança e as considerações éticas.

- **Inovação impulsionada pela IA:** Os avanços contínuos nas tecnologias de IA, incluindo a computação quântica, a IA explicável e a colaboração entre a IA e o ser humano, irão desbloquear novas oportunidades, impulsionar a inovação e enfrentar desafios complexos em diversos sectores.

CAPÍTULO III

FUNDAMENTOS DA APRENDIZAGEM AUTOMÁTICA

3.1 INTRODUÇÃO AOS CONCEITOS DE ML

Compreender a aprendizagem automática:

- Começamos por definir a aprendizagem automática como um subconjunto da inteligência artificial que permite aos computadores aprender a partir de dados sem serem explicitamente programados. Isto envolve o desenvolvimento de algoritmos e modelos que permitem às máquinas reconhecer padrões, fazer previsões e melhorar o desempenho ao longo do tempo.

Conceitos-chave da aprendizagem automática:

- **Aprendizagem supervisionada:** Introduzimos o conceito de aprendizagem supervisionada, em que o algoritmo aprende a partir de dados rotulados, fazendo previsões ou tomando decisões com base em pares de entrada-saída. Os exemplos incluem tarefas de classificação e regressão.

- **Aprendizagem não supervisionada:** A aprendizagem não supervisionada envolve a aprendizagem a partir de dados não rotulados, procurando descobrir padrões ou estruturas ocultas nos dados. O agrupamento e a redução da dimensionalidade são exemplos comuns de técnicas de aprendizagem não supervisionada.

- **Aprendizagem por reforço:** A aprendizagem por reforço é um paradigma em que um agente aprende a interagir com um ambiente através de acções que maximizam as recompensas cumulativas. Este conceito é frequentemente aplicado em tarefas de tomada de decisões sequenciais, como jogos e robótica.

Algoritmos de aprendizagem automática:

- Aprofundamos vários algoritmos de aprendizagem automática utilizados em contextos de aprendizagem supervisionada, não supervisionada e de reforço. Isto inclui árvores de decisão, máquinas de vectores de suporte, k-vizinhos mais próximos, redes neuronais, algoritmos de agrupamento e Q-learning, entre outros.

Avaliação e validação:

- Discutimos métodos de avaliação e validação de modelos de aprendizagem automática, incluindo validação cruzada, métricas de desempenho como exatidão, precisão, recuperação, pontuação F1 e técnicas para evitar o sobreajuste e o subajuste.

Aplicações e casos de utilização:

- Ao longo do capítulo, apresentamos exemplos do mundo real e casos de utilização de aplicações de aprendizagem automática em diversos domínios, incluindo cuidados de saúde, finanças, marketing, cibersegurança e sistemas autónomos.

Desafios e direcções futuras:

- Concluímos abordando os desafios e as direcções futuras da aprendizagem automática, tais como a interpretabilidade, a equidade, a robustez, a escalabilidade e a integração da aprendizagem automática com outras técnicas de IA.

No final deste capítulo, os leitores terão adquirido uma sólida compreensão dos principais conceitos, técnicas e aplicações da aprendizagem automática, lançando as bases para uma maior exploração e estudo neste domínio empolgante e em rápida evolução.

3.1.1. TIPOS DE APRENDIZAGEM AUTOMÁTICA: SUPERVISIONADA, NÃO SUPERVISIONADA E APRENDIZAGEM POR REFORÇO

Aprendizagem supervisionada:

- A aprendizagem supervisionada é um tipo de aprendizagem automática em que o algoritmo aprende a partir de dados rotulados, que consistem em pares de entrada-saída. O objetivo é aprender uma função de mapeamento das características de entrada para as etiquetas de saída, permitindo ao algoritmo fazer previsões sobre dados novos e não vistos.

- Exemplos de tarefas de aprendizagem supervisionada incluem a classificação, em que o algoritmo prevê um rótulo discreto (por exemplo, deteção de spam, classificação de imagens), e a regressão, em que o algoritmo prevê um valor contínuo (por exemplo, previsão do preço da habitação, previsão do preço das acções).

Aprendizagem não supervisionada:

- A aprendizagem não supervisionada envolve a aprendizagem a partir de dados não rotulados, em que o algoritmo procura descobrir padrões ou estruturas ocultas nos dados sem orientação explícita. O objetivo é descobrir relações intrínsecas ou agrupamentos entre os pontos de dados.
- O agrupamento é uma tarefa comum de aprendizagem não supervisionada, em que o algoritmo divide os dados em agrupamentos com base em medidas de semelhança ou proximidade. Outras tarefas de aprendizagem não supervisionada incluem a redução da dimensionalidade, a deteção de anomalias e a extração de regras de associação.

Aprendizagem por reforço:

- A aprendizagem por reforço é um tipo de aprendizagem automática em que um agente aprende a interagir com um ambiente através de acções que maximizam as recompensas acumuladas. O agente recebe feedback sob a forma de recompensas ou penalizações com base nas suas acções, o que lhe permite aprender estratégias óptimas para atingir objectivos a longo prazo.
- A aprendizagem por reforço é adequada para tarefas de tomada de decisões sequenciais, como jogos, robótica e navegação autónoma. Os exemplos incluem o treino de um agente de IA para jogar xadrez, navegar num labirinto ou controlar um braço robótico.

Aplicações e casos de utilização:

- Ao longo do capítulo, exploramos aplicações reais e casos de utilização de aprendizagem supervisionada, não supervisionada e por reforço em vários domínios, incluindo cuidados de saúde (diagnóstico e planeamento de tratamentos), finanças (deteção de fraudes e negociação algorítmica), transportes (veículos autónomos e otimização de rotas) e cibersegurança (deteção de intrusões e análise de ameaças).

Desafios e direcções futuras:

- Discutimos os desafios e as direcções futuras em cada tipo de aprendizagem automática, como a escalabilidade, a interpretabilidade, a qualidade dos dados e a necessidade de um desenvolvimento ético e responsável da IA. Além disso, exploramos as tendências emergentes e os avanços que estão a moldar o futuro da aprendizagem automática, incluindo a aprendizagem profunda, a aprendizagem federada e a IA explicável.

3.1.2. COMPONENTES-CHAVE E FLUXO DE TRABALHO DOS ALGORITMOS DE APRENDIZAGEM AUTOMÁTICA

Uma análise detalhada dos componentes essenciais e do fluxo de trabalho envolvidos na conceção, formação e implementação de algoritmos de aprendizagem automática.

Compreender o fluxo de trabalho da aprendizagem automática:

- Começamos por delinear o fluxo de trabalho geral da aprendizagem automática, que normalmente envolve várias fases fundamentais: recolha e pré-processamento de dados, seleção e formação de modelos, avaliação de modelos e implementação.

Componentes principais dos algoritmos de aprendizagem automática:

1. **Recolha de dados e pré-processamento:**

   - Discutimos a importância de recolher dados de elevada qualidade e de os pré-processar para garantir a compatibilidade com o algoritmo de aprendizagem automática escolhido. Isto pode envolver tarefas como a limpeza de dados, a seleção de características, a normalização e a codificação de variáveis categóricas.

2. **Seleção e treino de modelos:**

   - Exploramos diferentes tipos de modelos de aprendizagem automática, incluindo árvores de decisão, máquinas de vectores de suporte, redes neurais e métodos de conjunto. Cada modelo tem os seus pontos fortes e fracos, e a seleção do modelo adequado depende do domínio do problema, das características dos dados e dos resultados pretendidos.

- Discutimos técnicas para dividir os dados em conjuntos de treino e de teste, métodos de validação cruzada para avaliação do modelo, afinação de hiperparâmetros para otimizar o desempenho do modelo e estratégias para lidar com conjuntos de dados desequilibrados.

3. **Avaliação do modelo:**

   - Examinamos várias métricas e técnicas para avaliar o desempenho dos modelos de aprendizagem automática, como a exatidão, a precisão, a recuperação, a pontuação F1, a curva ROC e a matriz de confusão. Estas métricas fornecem informações sobre o poder preditivo do modelo, a capacidade de generalização e a robustez para dados não vistos.

4. **Implementação e monitorização:**

   - Discutimos considerações sobre a implementação de modelos de aprendizagem automática em ambientes de produção, incluindo escalabilidade, latência, interpretabilidade e manutenção de modelos. A monitorização contínua e os circuitos de feedback são essenciais para detetar desvios do modelo, degradação do desempenho e potenciais enviesamentos ao longo do tempo.

Fluxo de trabalho dos algoritmos de aprendizagem automática:

- Percorremos um fluxo de trabalho típico da aplicação de algoritmos de aprendizagem automática para resolver problemas do mundo real, desde a formulação da declaração do problema e a definição de critérios de sucesso até à recolha e pré-processamento de dados, seleção e treino de modelos, avaliação do desempenho e implementação do modelo final na produção.

- Destacamos a natureza iterativa do processo de aprendizagem automática, em que os modelos são refinados e melhorados com base no feedback e nas métricas de desempenho, conduzindo a uma aprendizagem e adaptação contínuas.

Estudos de casos e exemplos:

- Ao longo do capítulo, ilustramos conceitos-chave e fases do fluxo de trabalho com exemplos práticos e estudos de casos de vários domínios, incluindo cuidados de saúde, finanças, marketing e cibersegurança. Estes exemplos fornecem informações sobre aplicações reais da aprendizagem automática e destacam as melhores práticas e os desafios encontrados em cada fase do fluxo de trabalho.

3.2. EXPLORANDO AS TÉCNICAS DE ML

Introdução às técnicas de aprendizagem automática:

- Começamos por apresentar uma panorâmica das grandes categorias de técnicas de aprendizagem automática, incluindo a aprendizagem supervisionada, a aprendizagem não supervisionada e a aprendizagem por reforço. Cada categoria engloba uma gama diversificada de algoritmos e metodologias adequadas a diferentes tipos de tarefas e dados.

Técnicas de aprendizagem supervisionada:

- Aprofundamos as técnicas de aprendizagem supervisionada, em que o algoritmo aprende a partir de dados rotulados para fazer previsões ou tomar decisões. Isto inclui algoritmos de classificação como a regressão logística, árvores de decisão, máquinas de vectores de suporte e métodos de conjunto como florestas aleatórias e gradient boosting. Também exploramos técnicas de regressão para prever resultados contínuos, como a regressão linear, a regressão polinomial e a regressão de cumeeira.

Técnicas de aprendizagem não supervisionada:

- Em seguida, exploramos técnicas de aprendizagem não supervisionada, que têm como objetivo descobrir padrões ou estruturas ocultas em dados não rotulados. Isto inclui algoritmos de agrupamento, como o agrupamento k-means, o agrupamento hierárquico e o agrupamento baseado na densidade. Também abordamos técnicas de redução de dimensionalidade, como a análise de componentes principais (PCA) e a incorporação de vizinhos estocásticos t-distribuídos (t-SNE) para visualizar dados de elevada dimensão.

Técnicas de aprendizagem por reforço:

- Em seguida, abordamos as técnicas de aprendizagem por reforço, em que um agente aprende a interagir com um ambiente através de acções que maximizam as recompensas cumulativas. Isto inclui métodos baseados em valores, como o Q-learning, e métodos baseados em políticas, como os gradientes de políticas e os algoritmos de crítica do ator. Exploramos aplicações da aprendizagem por reforço em domínios como os jogos, a robótica e os sistemas autónomos.

Técnicas avançadas de aprendizagem automática:

- Além disso, são abordadas técnicas e metodologias avançadas de aprendizagem automática, incluindo aprendizagem profunda, aprendizagem por transferência, aprendizagem semi-supervisionada e meta-aprendizagem. As técnicas de aprendizagem profunda, como as redes neuronais convolucionais (CNN) e as redes neuronais recorrentes (RNN), têm demonstrado um sucesso notável em tarefas como o reconhecimento de imagens, o processamento de linguagem natural e a modelação de sequências.

Aplicações e casos de utilização:

- Ao longo do capítulo, apresentamos exemplos e casos de utilização de técnicas de aprendizagem automática aplicadas em vários domínios, incluindo os cuidados de saúde (diagnóstico de doenças, análise de imagens médicas), finanças (deteção de fraudes, negociação algorítmica), marketing (segmentação de clientes, sistemas de recomendação) e cibersegurança (deteção de intrusões, classificação de malware).

Desafios e considerações:

- Concluímos com a discussão dos desafios e considerações associados à aplicação de técnicas de aprendizagem automática, tais como a qualidade dos dados, a interpretabilidade, a escalabilidade, os recursos computacionais e as considerações éticas. Destacamos a importância de selecionar a técnica certa para o problema em questão e de garantir a robustez, a equidade e a transparência dos modelos de aprendizagem automática.

3.2.1. ALGORITMOS E MODELOS DE ML COMUMMENTE UTILIZADOS

Exploramos extensivamente uma variedade de algoritmos e modelos de aprendizagem automática que servem como ferramentas fundamentais na análise de dados, reconhecimento de padrões e processos de tomada de decisão em vários domínios.

Introdução aos algoritmos comuns de ML:

- Apresentamos uma panorâmica geral dos algoritmos de aprendizagem automática, que se dividem em técnicas de aprendizagem supervisionada, aprendizagem não supervisionada e aprendizagem por reforço. Cada categoria engloba uma gama diversificada de algoritmos, cada um concebido para lidar com tipos específicos de tarefas e dados.

Algoritmos de aprendizagem supervisionada:

Na aprendizagem supervisionada, os algoritmos aprendem com dados rotulados para fazer previsões ou tomar decisões. Exploramos vários algoritmos normalmente utilizados, incluindo:

- **Regressão logística:** Utilizada para problemas de classificação binária, a regressão logística modela a probabilidade de uma instância pertencer a uma determinada classe.
- **Árvores de decisão:** As árvores de decisão dividem recursivamente o espaço de características em regiões, tomando decisões com base em regras simples derivadas dos dados.
- **Florestas aleatórias:** As florestas aleatórias são métodos de aprendizagem em conjunto que agregam várias árvores de decisão para melhorar a precisão da previsão e reduzir o sobreajuste.
- **Máquinas de vectores de suporte (SVM):** As SVMs são classificadores poderosos que encontram o hiperplano que maximiza a margem entre classes num espaço de elevada dimensão.
- **k-Nearest Neighbors (k-NN):** os algoritmos k-NN classificam as instâncias com base na classe maioritária entre os seus k-vizinhos mais próximos no espaço de características.
- **Gradient Boosting Machines (GBM):** Os algoritmos GBM treinam sequencialmente os alunos fracos para minimizar uma função de perda, combinando efetivamente as suas previsões para melhorar o desempenho do modelo.

Algoritmos de aprendizagem não supervisionada:

Os algoritmos de aprendizagem não supervisionada descobrem padrões ou estruturas em dados não rotulados. Os algoritmos mais comuns incluem:

- **Agrupamento K-Means:** O K-Means divide os dados em k clusters com base na similaridade, com o objetivo de minimizar a variância dentro do cluster.

- **Agrupamento hierárquico:** O agrupamento hierárquico organiza os dados numa hierarquia de agrupamentos, revelando relações entre pontos de dados a diferentes níveis de granularidade.

- **Análise de componentes principais (PCA):** A PCA reduz a dimensionalidade dos dados, preservando a maior parte da sua variância, facilitando a visualização e a análise de conjuntos de dados de elevada dimensão.

- **t-Distributed Stochastic Neighbor Embedding (t-SNE):** t-SNE é uma técnica de redução de dimensionalidade não linear utilizada para visualizar dados de elevada dimensão num espaço de dimensão inferior, preservando a estrutura local.

Modelos de aprendizagem por reforço:

Os modelos de aprendizagem por reforço permitem que os agentes aprendam estratégias óptimas através de interacções de tentativa e erro com um ambiente. Os principais modelos incluem:

- **Q-Learning:** O Q-learning é um algoritmo de aprendizagem por reforço sem modelo que aprende uma função de valor de ação para maximizar as recompensas acumuladas.

- **Redes Q profundas (DQN):** A DQN combina a aprendizagem profunda com a aprendizagem Q, utilizando redes neuronais para aproximar a função ação-valor em espaços de estado de elevada dimensão.

- **Métodos de gradiente de política:** Os métodos de gradiente de política aprendem diretamente a função de política, mapeando estados para acções, maximizando as recompensas cumulativas esperadas.

- **Modelos de ator-crítico:** Os modelos ator-crítico combinam métodos baseados no valor e na política, com redes separadas para a aprendizagem da política (ator) e a estimativa do valor (crítico).

Arquitecturas de redes neuronais:

Exploramos várias arquitecturas de redes neuronais habitualmente utilizadas na aprendizagem profunda, incluindo:

- **Redes neurais feedforward (FNN):** As FNN são constituídas por várias camadas de neurónios, estando cada neurónio ligado aos neurónios das camadas adjacentes.

- **Redes Neuronais Convolucionais (CNN):** As CNN são especializadas no processamento de dados em grelha, como imagens, aplicando camadas convolucionais e de agrupamento para extrair características hierárquicas.

- **Redes Neuronais Recorrentes (RNN):** As RNNs são concebidas para o processamento sequencial de dados, mantendo um estado que capta informações de passos de tempo anteriores.

- **Redes de memória de curto prazo longa (LSTM):** As LSTMs são um tipo de RNN com unidades de gated que facilitam a aprendizagem de dependências de longo alcance em dados sequenciais.

- **Redes Adversariais Generativas (GAN):** As GAN são constituídas por uma rede geradora e uma rede discriminadora treinadas de forma adversa para gerar amostras de dados realistas.

Aplicações e casos de utilização:

- Ao longo do capítulo, apresentamos exemplos e casos de utilização de cada algoritmo ou modelo em vários domínios, demonstrando a sua versatilidade e eficácia na resolução de problemas do mundo real. Estas aplicações abrangem sectores como os cuidados de saúde, finanças, marketing, cibersegurança e sistemas autónomos, demonstrando o amplo impacto das técnicas de aprendizagem automática.

Considerações e melhores práticas:

- Concluímos com a discussão de considerações e melhores práticas para selecionar, treinar e implementar algoritmos e modelos de aprendizagem automática. Estas incluem factores como o pré-processamento de dados, a avaliação de modelos, a afinação de hiperparâmetros, a interpretabilidade, a escalabilidade, os recursos computacionais e as considerações éticas, sublinhando a importância de um desenvolvimento responsável da IA.

3.2.2. EXEMPLOS PRÁTICOS E APLICAÇÕES DA APRENDIZAGEM AUTOMÁTICA EM CENÁRIOS DO MUNDO REAL

No capítulo "Practical Examples and Applications of Machine Learning in Real-world Scenarios" do livro "Bridging the Digital Gap: Exploring the Role of Artificial Intelligence, Machine Learning, and Cybersecurity", apresentamos uma exploração aprofundada da forma como as técnicas de aprendizagem automática são aplicadas para resolver problemas diversos e complexos em vários domínios e sectores.

Introdução às aplicações no mundo real:

- Começamos por destacar a importância da aprendizagem automática na resolução de desafios do mundo real e na promoção da inovação em todos os sectores. Isto prepara o terreno para examinar exemplos práticos e aplicações em diferentes domínios.

Cuidados de saúde:

Nos cuidados de saúde, a aprendizagem automática está a revolucionar o diagnóstico, o planeamento de tratamentos, a descoberta de medicamentos e a medicina personalizada. Exploramos aplicações como:

- Diagnóstico e prognóstico de doenças através da análise de imagens médicas (por exemplo, deteção de tumores em exames de ressonância magnética, classificação de lesões cutâneas em dermatologia).
- Modelação preditiva dos resultados dos doentes e da progressão da doença (por exemplo, previsão de factores de risco para doenças cardiovasculares, identificação de sinais precoces da doença de Alzheimer).

Finanças:

A aprendizagem automática desempenha um papel crucial nos serviços financeiros, incluindo a banca, os seguros e a gestão de investimentos. Discutimos aplicações como:

- Deteção e prevenção de fraudes (por exemplo, identificação de transacções fraudulentas, deteção de roubo de identidade).
- Negociação algorítmica e otimização de carteiras (por exemplo, previsão de preços de acções, otimização de estratégias de negociação).

- Pontuação de crédito e avaliação de riscos (por exemplo, avaliação da solvabilidade, avaliação dos riscos de incumprimento dos empréstimos).

Marketing e comércio eletrónico:

No marketing e no comércio eletrónico, a aprendizagem automática permite recomendações personalizadas, publicidade direccionada e segmentação de clientes. Exploramos aplicações como:

- Sistemas de recomendação para recomendações de produtos (por exemplo, o motor de recomendação de produtos da Amazon, o sistema de recomendação de filmes da Netflix).
- Segmentação de clientes e previsão de churn (por exemplo, identificação de clientes de elevado valor, redução do churn de clientes).
- Análise do sentimento e monitorização dos meios de comunicação social (por exemplo, analisar o feedback dos clientes, acompanhar o sentimento da marca nas plataformas dos meios de comunicação social).

Transportes e logística:

A aprendizagem automática está a transformar os transportes e a logística através da otimização de rotas, da previsão da procura e das tecnologias de veículos autónomos. Discutimos aplicações como:

- Otimização de rotas para serviços de logística e entrega (por exemplo, otimização de rotas de entrega, minimização do consumo de combustível).
- Previsão da procura para serviços de partilha de boleias e transportes públicos (por exemplo, prever a procura de passageiros, otimizar os horários dos serviços).
- Navegação autónoma e controlo de veículos (por exemplo, automóveis autónomos, veículos aéreos não tripulados para entrega de encomendas).

Cibersegurança:

Na cibersegurança, a aprendizagem automática é utilizada para a deteção de ameaças, deteção de anomalias e análise de malware. Exploramos aplicações como:

- Deteção e prevenção de intrusões (por exemplo, identificação de tráfego de rede suspeito, deteção de tentativas de acesso não autorizado).

- Classificação de malware e análise comportamental (por exemplo, identificação de novas variantes de malware, análise de padrões de propagação de malware).

- Análise de segurança e informações sobre ameaças (por exemplo, análise de registos de segurança, correlação de eventos de segurança para identificar potenciais ameaças).

Implicações éticas e sociais:

- Ao longo do capítulo, também discutimos as implicações éticas e sociais da aplicação da aprendizagem automática em cenários do mundo real, incluindo questões relacionadas com a privacidade, a justiça, a transparência, a responsabilidade e a atenuação de preconceitos. Sublinhamos a importância do desenvolvimento responsável da IA e das considerações éticas na implementação de soluções de aprendizagem automática.

CAPÍTULO IV

FUNDAMENTOS DA CIBERSEGURANÇA

4.1. PRINCÍPIOS DA CIBERSEGURANÇA

Este capítulo serve de guia abrangente para compreender os princípios fundamentais necessários para salvaguardar os activos digitais, mitigar as ciberameaças e manter a integridade, confidencialidade e disponibilidade dos sistemas de informação.

Introdução à cibersegurança:

- Começamos por apresentar uma panorâmica da cibersegurança e da sua importância na proteção dos activos digitais, incluindo dados, redes, sistemas e aplicações, contra várias ciberameaças, incluindo malware, ataques de phishing, violações de dados e ameaças internas.

Princípios fundamentais da cibersegurança:

1. **Confidencialidade:** A confidencialidade garante que as informações sensíveis estão acessíveis apenas a utilizadores autorizados, impedindo o acesso não autorizado, a divulgação ou a exposição de dados. Discutimos técnicas como a encriptação, controlos de acesso e classificação de dados para manter a confidencialidade.

2. **Integridade:** A integridade garante que os dados permanecem exactos, fiáveis e inalterados durante todo o seu ciclo de vida. Exploramos métodos como a validação de dados, somas de verificação, assinaturas digitais e verificações de integridade para detetar e impedir modificações não autorizadas ou adulteração de dados.

3. **Disponibilidade:** A disponibilidade garante que as informações e os recursos estão acessíveis e utilizáveis quando necessário, evitando interrupções ou tempos de inatividade. Examinamos estratégias como a redundância, a tolerância a falhas, a recuperação de desastres e a proteção contra a negação de serviço (DoS) para manter a disponibilidade face a ciberataques ou falhas do sistema.

4. **Autenticação:** A autenticação verifica a identidade dos utilizadores ou entidades que tentam aceder a recursos ou serviços, assegurando que apenas é concedido acesso a utilizadores legítimos. Discutimos factores de autenticação (por exemplo, palavras-passe, biometria, tokens) e protocolos de autenticação (por exemplo, Kerberos, OAuth) para estabelecer confiança e verificar identidades.

5. **Autorização:** Os controlos de autorização determinam quais as acções que os utilizadores estão autorizados a executar depois de autenticados, com base nas suas funções, privilégios e permissões. Exploramos modelos de controlo de acesso (por exemplo, controlo de acesso discricionário, controlo de acesso obrigatório) e controlo de acesso baseado em funções (RBAC) para aplicar políticas de autorização.

6. **Auditoria e responsabilização:** Os mecanismos de auditoria e responsabilização acompanham e monitorizam as actividades dos utilizadores, proporcionando visibilidade dos eventos e alterações do sistema. Discutimos práticas de registo, auditoria e monitorização para detetar incidentes de segurança, investigar violações e manter a conformidade com os requisitos regulamentares.

7. **Segurança desde a conceção:** A segurança desde a conceção incorpora princípios e controlos de segurança na conceção, desenvolvimento e implementação de sistemas e aplicações desde o início. Destacamos a importância de práticas de codificação seguras, modelação de ameaças e revisões de arquitetura de segurança para minimizar vulnerabilidades e mitigar riscos.

8. **Melhoria contínua:** A melhoria contínua envolve a avaliação, teste e aperfeiçoamento contínuos das medidas de cibersegurança para se adaptar à evolução das ameaças e vulnerabilidades. Discutimos a importância da gestão de vulnerabilidades, dos testes de penetração, da resposta a incidentes e da formação em sensibilização para a segurança para melhorar a resiliência da cibersegurança.

Aplicações práticas e estudos de casos:

- Ao longo do capítulo, apresentamos exemplos práticos e estudos de caso que ilustram a forma como estes princípios de cibersegurança são aplicados em cenários reais em vários sectores, incluindo finanças, cuidados de saúde, administração pública e infra-estruturas críticas. Estes exemplos destacam as melhores práticas, desafios e lições aprendidas na implementação de estratégias eficazes de cibersegurança.

Tendências e desafios emergentes:

- Também discutimos as tendências e os desafios emergentes na cibersegurança, como a segurança da nuvem, a segurança da IoT, os ciberataques orientados para a IA, os riscos da cadeia de abastecimento e as ameaças geopolíticas. Exploramos estratégias para enfrentar esses desafios e adaptar as práticas de segurança cibernética para mitigar ameaças em evolução em um mundo cada vez mais interconectado e digitalizado.

4.1.1. PRINCÍPIOS E QUADROS BÁSICOS DA CIBERSEGURANÇA

Introdução aos princípios da cibersegurança:

- Começamos por introduzir os princípios fundamentais que sustentam os esforços de cibersegurança, realçando os objectivos globais de proteção de dados, sistemas e redes contra o acesso, divulgação, alteração ou destruição não autorizados. Estes princípios servem de orientação para o desenvolvimento de estratégias sólidas de cibersegurança e para a implementação de controlos de segurança eficazes.

Tríade confidencialidade, integridade e disponibilidade (CIA):

- Aprofundamos a tríade da CIA, que constitui a pedra angular dos princípios da cibersegurança.
  - **Confidencialidade:** Assegura que as informações sensíveis são acessíveis apenas a indivíduos ou sistemas autorizados, impedindo a divulgação ou exposição não autorizada.
  - **Integridade:** Garante que os dados permanecem exactos, fiáveis e inalterados, protegendo contra modificações não autorizadas ou adulterações.
  - **Disponibilidade:** Garante que a informação e os recursos estão acessíveis e utilizáveis quando necessário, evitando interrupções ou tempos de inatividade.

Abordagem de Defesa em Profundidade:

* Exploramos a abordagem de defesa em profundidade, que defende a aplicação de várias medidas de segurança em camadas para fornecer protecções redundantes e sobrepostas contra as ciberameaças. Esta estratégia envolve a implementação de uma combinação de controlos preventivos, detectivos e correctivos em diferentes camadas da infraestrutura de uma organização.

Quadros e normas de cibersegurança:

* Apresentamos vários quadros e normas de cibersegurança que fornecem metodologias estruturadas e melhores práticas para a conceção, implementação e gestão de programas de cibersegurança. Estas estruturas incluem:
    * **Estrutura de cibersegurança do NIST:** Desenvolvida pelo National Institute of Standards and Technology (NIST), esta estrutura fornece uma abordagem à cibersegurança baseada no risco, organizando as actividades de cibersegurança em cinco funções principais: Identificar, Proteger, Detetar, Responder e Recuperar.
    * **ISO/IEC 27001:** Esta norma internacional define os requisitos para estabelecer, implementar, manter e melhorar continuamente um sistema de gestão da segurança da informação (ISMS) numa organização.
    * **Controlos CIS:** Desenvolvidos pelo Center for Internet Security (CIS), estes controlos fornecem orientações prioritárias sobre medidas essenciais de cibersegurança para proteção contra as ciberameaças mais comuns.
    * **PCI DSS:** A Norma de Segurança de Dados da Indústria de Cartões de Pagamento (PCI DSS) fornece requisitos para garantir as transacções com cartões de pagamento e proteger os dados do titular do cartão para evitar violações e fraudes na indústria de cartões de pagamento.

Princípios de gestão de riscos:

* Discutimos os princípios da gestão de riscos, realçando a importância de identificar, avaliar, mitigar e monitorizar os riscos de cibersegurança para os activos, operações e reputação de uma organização. As estruturas de gestão do risco, como a ISO/IEC 27005 e a Estrutura de Gestão do Risco (RMF) do NIST, fornecem abordagens estruturadas para a avaliação e o tratamento do risco.

Aplicações práticas e estudos de casos:

- Ao longo do capítulo, apresentamos exemplos práticos e estudos de caso que ilustram a forma como estes princípios e quadros de cibersegurança são aplicados em cenários reais em várias indústrias e sectores. Estes exemplos destacam as melhores práticas, desafios e lições aprendidas na implementação de estratégias eficazes de cibersegurança.

4.1.2. COMPREENDER AS AMEAÇAS E VULNERABILIDADES NO AMBIENTE DIGITAL

O complexo panorama de ameaças e vulnerabilidades de cibersegurança que as organizações enfrentam na era digital. Este capítulo serve como um guia essencial para compreender os vários tipos de ameaças, vulnerabilidades e vectores de ataque que representam riscos para os sistemas de informação, redes e activos de dados.

Introdução às ameaças e vulnerabilidades:

Começamos por apresentar uma panorâmica dos conceitos de ameaças e vulnerabilidades no contexto da cibersegurança.

- **Ameaças:** Refere-se a potenciais eventos ou circunstâncias que podem causar danos aos activos de uma organização, incluindo actividades maliciosas como ciberataques, violações de dados, infecções por malware, ameaças internas e ataques de engenharia social.
- **Vulnerabilidades:** Refere-se a fraquezas ou lacunas na postura de segurança de uma organização que podem ser exploradas por agentes de ameaças para comprometer sistemas, redes ou dados. As vulnerabilidades podem resultar de falhas de software, configurações incorrectas, sistemas desactualizados, erros humanos ou falta de controlos de segurança.

Tipos de ameaças cibernéticas:

Exploramos a gama diversificada de ameaças cibernéticas que as organizações podem encontrar, incluindo:

- **Malware:** Software malicioso concebido para perturbar, danificar ou obter acesso não autorizado a sistemas informáticos ou dados, incluindo vírus, worms, cavalos de Troia, ransomware e spyware.

- **Phishing e engenharia social:** Técnicas utilizadas para induzir as pessoas a revelar informações sensíveis ou a realizar acções que comprometam a segurança, muitas vezes através de e-mails enganadores, sites falsos ou chamadas telefónicas.

- **Ataques de negação de serviço (DoS):** Tentativas de sobrecarregar um sistema ou rede alvo com tráfego ou pedidos excessivos, causando interrupções ou falhas no serviço.

- **Ameaças persistentes avançadas (APTs):** Ciberataques sofisticados e persistentes orquestrados por adversários qualificados, muitas vezes com objectivos específicos, como espionagem, sabotagem ou ganhos financeiros.

- **Ameaças internas:** Riscos colocados por indivíduos dentro de uma organização que utilizam indevidamente o seu acesso autorizado a sistemas ou dados para fins maliciosos ou causam involuntariamente violações de segurança.

- **Ataques à cadeia de fornecimento:** Visar vulnerabilidades em vendedores ou fornecedores terceiros para obter acesso não autorizado às redes ou sistemas das organizações alvo.

Vulnerabilidades comuns:

Discutimos as vulnerabilidades comuns que os agentes de ameaças exploram para levar a cabo ciberataques, incluindo:

- **Vulnerabilidades de software:** Falhas ou pontos fracos em aplicações de software, sistemas operativos ou firmware que podem ser explorados para obter acesso não autorizado ou executar código malicioso.

- **Deficiências de configuração:** Configurações ou definições inseguras em dispositivos de rede, servidores, bases de dados ou serviços em nuvem que expõem os sistemas a riscos como acesso não autorizado, vazamentos de dados ou interrupções de serviço.

- **Autenticação e controlos de acesso fracos:** Mecanismos de autenticação inadequados, palavras-passe fracas ou privilégios de utilizador excessivos que permitem a indivíduos não autorizados obter acesso não autorizado a sistemas ou dados.

- **Falta de gestão de patches:** Não aplicação atempada de correcções e actualizações de segurança a software e sistemas, deixando-os vulneráveis a explorações e vulnerabilidades conhecidas.

Vectores e técnicas de ataque:

Examinamos vários vectores de ataque e técnicas utilizadas por agentes de ameaças para explorar vulnerabilidades e lançar ciberataques, incluindo:

- **Exploração de vulnerabilidades de software:** Aproveitamento de vulnerabilidades conhecidas ou de dia zero em aplicações ou sistemas de software para obter acesso não autorizado ou executar código arbitrário.
- **Tácticas de engenharia social:** Manipulação da psicologia ou do comportamento humano para enganar as pessoas e levá-las a divulgar informações confidenciais, clicar em ligações maliciosas ou descarregar malware.
- **Ataques de phishing:** Envio de e-mails ou mensagens enganosas, mascaradas de entidades legítimas, para induzir os destinatários a revelar informações confidenciais, como palavras-passe ou dados financeiros.
- **Injeção de SQL e Cross-Site Scripting (XSS):** Injetar consultas SQL ou scripts maliciosos em aplicações Web para obter acesso não autorizado a bases de dados ou comprometer sessões de utilizadores.
- **Ataques de força bruta e de preenchimento de credenciais:** Tentativa de adivinhar ou usar força bruta em senhas ou credenciais para obter acesso não autorizado a contas ou sistemas.

Avaliação dos riscos e estratégias de atenuação:

Concluímos discutindo a importância de realizar avaliações de risco para identificar e dar prioridade a ameaças e vulnerabilidades, seguidas da implementação de estratégias de mitigação e controlos de segurança adequados para reduzir os riscos cibernéticos. Estas estratégias podem incluir:

- **Gestão de vulnerabilidades:** Verificar regularmente os sistemas quanto a vulnerabilidades, dar prioridade aos patches e actualizações e implementar práticas de configuração seguras.
- **Formação de sensibilização para a segurança:** Educar os funcionários e utilizadores sobre as ciberameaças comuns, os esquemas de phishing e as melhores práticas para manter a higiene da segurança.
- **Abordagens de defesa em profundidade:** Implementação de várias camadas de controlos de segurança, incluindo firewalls, sistemas de deteção de intrusão, software antivírus e controlos de acesso, para reduzir os riscos e evitar ataques.
- **Planeamento de resposta a incidentes:** Desenvolver e testar planos de resposta a incidentes para detetar, responder e recuperar eficazmente de incidentes de segurança e violações de dados.

4.2. MEDIDAS E MELHORES PRÁTICAS DE CIBERSEGURANÇA

Uma visão geral abrangente das medidas essenciais de cibersegurança, estratégias e melhores práticas que as organizações podem implementar para melhorar a sua postura de segurança e mitigar eficazmente os riscos cibernéticos. Este capítulo serve como um guia prático para desenvolver e implementar programas robustos de cibersegurança adaptados às necessidades e desafios únicos dos ambientes digitais modernos.

Introdução às medidas de cibersegurança:

- Começamos por salientar a importância de adotar medidas de cibersegurança proactivas e abrangentes para proteger contra a evolução das ciberameaças e vulnerabilidades. Isto prepara o terreno para explorar uma série de controlos de segurança, técnicas e melhores práticas que as organizações podem utilizar para reforçar as suas defesas e salvaguardar os seus activos digitais.

Medidas essenciais de cibersegurança:

1. **Controlo de acesso:**

- Discutimos a importância de implementar mecanismos de controlo de acesso fortes para restringir o acesso não autorizado a sistemas, aplicações e dados sensíveis. Isto inclui a aplicação do princípio do menor privilégio, a implementação da autenticação multi-fator (MFA) e a revisão e revogação regulares de direitos de acesso desnecessários.

2. **Segurança de rede:**
   - Exploramos várias medidas de segurança de rede, incluindo firewalls, sistemas de deteção e prevenção de intrusões (IDPS), redes privadas virtuais (VPNs) e segmentação de rede, para proteção contra acesso não autorizado, violações de dados e ataques baseados em rede.

3. **Segurança dos pontos terminais:**
   - Discutimos a importância das soluções de segurança de terminais, tais como software antivírus, ferramentas de deteção e resposta de terminais (EDR) e soluções de gestão de dispositivos móveis (MDM), na defesa contra malware, ransomware e outras ameaças de terminais.

4. **Proteção de dados:**
   - Examinamos as estratégias de proteção de dados, incluindo encriptação, mascaramento de dados, tokenização e soluções de prevenção de perda de dados (DLP), para proteger os dados sensíveis contra acesso não autorizado, divulgação ou roubo, tanto em repouso como em trânsito.

5. **Formação de sensibilização para a segurança:**
   - Salientamos a importância dos programas de formação de sensibilização para a segurança destinados a funcionários, contratantes e partes interessadas, para os educar sobre as ameaças cibernéticas comuns, esquemas de phishing, tácticas de engenharia social e melhores práticas para manter a higiene da segurança.

6. **Resposta e recuperação de incidentes:**
   - Discutimos a necessidade de planos robustos de resposta a incidentes, incluindo procedimentos para detetar, conter, investigar e mitigar incidentes de segurança e violações de dados. Também salientamos a importância de simulacros regulares de resposta a incidentes e análises pós-incidente para melhorar a eficácia da resposta.

Melhores práticas de cibersegurança:

Destacamos uma série de boas práticas e recomendações para a implementação de medidas eficazes de cibersegurança, incluindo

- Atualizar e corrigir regularmente o software e os sistemas para resolver as vulnerabilidades conhecidas.
- Realização regular de avaliações de vulnerabilidade e de testes de penetração para identificar e corrigir as deficiências de segurança.
- Implementar práticas de codificação seguras e efetuar revisões de código para minimizar o risco de vulnerabilidades do software.
- Estabelecer políticas de palavras-passe fortes, incluindo a utilização de palavras-passe complexas, rotação de palavras-passe e melhores práticas de armazenamento de palavras-passe.
- Implementação de configurações seguras para dispositivos, aplicações e componentes da infraestrutura de rede com base nas normas e melhores práticas do sector.

Melhoria contínua e adaptação:

Concluímos salientando a importância da melhoria e adaptação contínuas nas práticas de cibersegurança, incentivando as organizações a manterem-se informadas sobre as ameaças, tendências e tecnologias emergentes e a adaptarem as suas estratégias de segurança em conformidade. Isto inclui a participação em programas de partilha de informações e de informações sobre ameaças, a colaboração com colegas da indústria e o investimento na formação contínua e no desenvolvimento profissional do pessoal de cibersegurança.

4.2.1. ESTRATÉGIAS DE DETECÇÃO DE AMEAÇAS, PREVENÇÃO E RESPOSTA A INCIDENTES

As estratégias e metodologias essenciais para detetar, prevenir e responder eficazmente às ameaças à cibersegurança. Este capítulo serve de guia abrangente para as organizações desenvolverem medidas de segurança proactivas e planos robustos de resposta a incidentes para mitigar o impacto das ciberameaças e violações.

Introdução à Deteção de Ameaças, Prevenção e Resposta a Incidentes:

- Começamos por salientar a importância crucial de estabelecer mecanismos proactivos de deteção de ameaças, de implementar controlos de segurança preventivos e de desenvolver capacidades robustas de resposta a incidentes para enfrentar eficazmente as ciberameaças. Isto prepara o terreno para explorar várias estratégias e melhores práticas para cada fase do ciclo de vida da cibersegurança.

Estratégias de deteção de ameaças:

1. **Monitorização contínua:**

   - Salientamos a necessidade de monitorização contínua do tráfego de rede, dos registos do sistema e das actividades dos utilizadores para detetar comportamentos anómalos e potenciais indicadores de comprometimento (IOCs). Isto inclui a implementação de sistemas de deteção e prevenção de intrusões (IDPS), soluções de gestão de informações e eventos de segurança (SIEM) e ferramentas de análise do comportamento do utilizador (UBA) para identificar actividades suspeitas e potenciais incidentes de segurança em tempo real.

2. **Partilha de informações sobre ameaças:**

   - Discutimos a importância de aproveitar os feeds de informações sobre ameaças, as plataformas de partilha de informações e a colaboração da indústria para nos mantermos informados sobre as ameaças emergentes, as tendências de ataque e as tácticas, técnicas e procedimentos (TTPs) dos adversários. Isto permite às organizações identificar e mitigar proactivamente potenciais riscos e vulnerabilidades antes de poderem ser explorados.

3. **Análise de segurança e aprendizagem automática:**

   - Exploramos o papel da análise de segurança e dos algoritmos de aprendizagem automática na análise de grandes volumes de dados de segurança para identificar padrões, tendências e anomalias indicativas de potenciais ameaças à segurança. Isto inclui a utilização de técnicas analíticas avançadas, como a deteção de anomalias, a análise comportamental e a modelação preditiva, para melhorar as capacidades de deteção de ameaças e reduzir os falsos positivos.

Medidas preventivas de segurança:

1. **Controlos de segurança e reforço da segurança:**

- Discutimos a importância de implementar controlos de segurança preventivos e medidas de reforço para reduzir a superfície de ataque e minimizar o risco de exploração. Isto inclui a aplicação do acesso com privilégios mínimos, a implementação da segmentação da rede, a implementação de soluções de proteção de pontos finais e a aplicação imediata de patches e actualizações de segurança.

2. Sensibilização e formação dos utilizadores:

- Salientamos o papel dos programas de formação de sensibilização para a segurança na educação dos funcionários, contratantes e partes interessadas sobre as melhores práticas de cibersegurança, no reconhecimento de esquemas de phishing e na comunicação de actividades suspeitas. Isto ajuda a promover uma cultura de sensibilização para a segurança e capacita os indivíduos para actuarem como a primeira linha de defesa contra as ameaças cibernéticas.

Estratégias de resposta a incidentes:

1. Identificação e triagem de incidentes:

- Discutimos a importância de estabelecer procedimentos claros de identificação e triagem de incidentes para avaliar rapidamente a gravidade e o âmbito dos incidentes de segurança. Isto envolve a criação de equipas de resposta a incidentes, a definição de funções e responsabilidades e a implementação de critérios de categorização e priorização de incidentes para garantir acções de resposta rápidas e eficazes.

2. Contenção e Erradicação:

- Exploramos estratégias para conter e erradicar incidentes de segurança para evitar mais danos e minimizar o impacto nas operações da organização e nos activos de dados. Isto inclui o isolamento de sistemas comprometidos, o encerramento de pontos de acesso não autorizados e a remoção de código malicioso ou malware dos sistemas afectados.

3. Análise e investigação forense:

- Salientamos a importância da realização de uma análise forense completa e da investigação de incidentes de segurança para identificar a causa principal, determinar a extensão do compromisso e recolher provas para potenciais processos legais ou regulamentares. Isto envolve a preservação e análise de provas digitais, a documentação dos resultados e a manutenção da cadeia de custódia para apoiar os esforços de resposta a incidentes.

4. **Remediação e recuperação:**

  - Discutimos estratégias para remediar vulnerabilidades de segurança, restaurar sistemas e dados afectados e implementar acções correctivas para evitar a repetição de incidentes semelhantes no futuro. Isto inclui a aplicação de patches e actualizações de segurança, a atualização de políticas e procedimentos de segurança e a melhoria dos controlos de segurança com base nas lições aprendidas com o incidente.

Melhoria contínua e lições aprendidas:

- Concluímos salientando a importância da melhoria contínua e da aprendizagem no processo de resposta a incidentes, encorajando as organizações a efectuarem revisões pós-incidente, a analisarem as causas de raiz e a identificarem áreas de melhoria. Isto permite que as organizações reforcem as suas capacidades de resposta a incidentes, aumentem a resiliência a futuras ameaças e se adaptem eficazmente à evolução dos desafios da cibersegurança.

4.2.2. IMPORTÂNCIA DA CIBER-HIGIENE E DAS PRÁTICAS SEGURAS PARA OS INDIVÍDUOS E AS ORGANIZAÇÕES

A importância crucial de adotar boas práticas de ciber-higiene e comportamentos seguros para mitigar eficazmente os riscos cibernéticos. Este capítulo serve de guia completo para indivíduos e organizações cultivarem uma cultura de sensibilização para a cibersegurança e implementarem medidas proactivas de proteção contra ciberameaças e ataques.

Introdução à ciber-higiene e práticas seguras:

- Começamos por salientar o papel fundamental da ciber-higiene na manutenção da saúde e segurança gerais dos ambientes digitais. Isto inclui a adoção de práticas seguras, a adesão a políticas e procedimentos de segurança estabelecidos e a vigilância contra a evolução das ciberameaças.

Melhores práticas de ciber-higiene para indivíduos:

1. **Gestão de palavras-passe fortes:**

   - Discutimos a importância de utilizar palavras-passe fortes e únicas para cada conta online e de implementar soluções de gestão de palavras-passe para armazenar e gerir credenciais de forma segura. Isto ajuda a evitar o acesso não autorizado e a reduzir o risco de ataques baseados em credenciais.

2. **Actualizações regulares de software:**

   - Salientamos a importância de manter as aplicações de software, os sistemas operativos e o firmware actualizados com os patches e as actualizações de segurança mais recentes. As actualizações regulares ajudam a resolver vulnerabilidades conhecidas e protegem contra exploits que visam software desatualizado.

3. **Práticas seguras na Internet:**

   - Fornecemos orientações sobre práticas seguras na Internet, incluindo ter cuidado ao clicar em hiperligações ou descarregar anexos de fontes desconhecidas, evitar sítios Web suspeitos e utilizar software de segurança de boa reputação para detetar e bloquear conteúdos maliciosos.

4. **Cópia de segurança e recuperação de dados:**

   - Destacamos a importância de fazer regularmente cópias de segurança de dados importantes para soluções de armazenamento seguras e fiáveis, tanto localmente como na nuvem. Isto garante que os dados críticos podem ser recuperados em caso de perda de dados ou de ataques de ransomware.

5. **Formação de sensibilização para a segurança:**

   - Sublinhamos o valor da formação contínua de sensibilização para a segurança para que os indivíduos reconheçam as ciberameaças comuns, os esquemas de phishing e as tácticas de engenharia social. A formação permite que as pessoas tomem decisões informadas e tomem medidas proactivas para se protegerem em linha.

Melhores práticas de higiene cibernética para organizações:

1. **Estabelecimento de políticas de segurança:**

   - Discutimos a importância de desenvolver e aplicar políticas e procedimentos de segurança abrangentes, adaptados aos requisitos exclusivos da organização e às obrigações regulamentares. Isto inclui políticas de gestão de palavras-passe, controlo de acesso, proteção de dados e resposta a incidentes.

2. **Formação e sensibilização dos trabalhadores:**

   - Destacamos o papel dos programas de formação e consciencialização dos funcionários no cultivo de uma cultura de cibersegurança dentro da organização. Sessões de treinamento regulares, campanhas de conscientização de segurança e exercícios simulados de phishing ajudam a educar os funcionários sobre as práticas recomendadas de segurança e a reduzir os riscos de erro humano.

3. **Implementação de controlos de segurança:**

   - Exploramos vários controlos e tecnologias de segurança que as organizações podem implementar para proteger os seus activos digitais, incluindo firewalls, software antivírus, sistemas de deteção e prevenção de intrusões (IDPS) e soluções de gestão de eventos e informações de segurança (SIEM).

4. **Planeamento da resposta a incidentes:**

   - Discutimos a importância de desenvolver e testar planos de resposta a incidentes para garantir que a organização está preparada para detetar, responder e recuperar de incidentes de segurança de forma eficaz. Isto envolve a definição de funções e responsabilidades, o estabelecimento de canais de comunicação e a realização de simulacros e exercícios de mesa regulares.

Monitorização e melhoria contínuas:

- Concluímos salientando a necessidade de monitorização, avaliação e melhoria contínuas das práticas de ciber-higiene e das medidas de segurança. As organizações devem rever regularmente a sua postura de segurança, efetuar avaliações de risco e adaptar as suas estratégias para enfrentar eficazmente as ameaças e vulnerabilidades emergentes.

CAPÍTULO V

INTEGRAÇÃO DA IA E DA ML NA CIBERSEGURANÇA

5.1. TIRAR PARTIDO DA IA PARA REFORÇAR A SEGURANÇA

Exploramos o potencial transformador da inteligência artificial (IA) na melhoria das medidas de segurança e no reforço das capacidades de defesa contra as ciberameaças. Este capítulo serve de guia abrangente para as organizações aproveitarem o poder das tecnologias baseadas em IA para detetar, prevenir e responder às ameaças à cibersegurança de forma mais eficaz.

Introdução à IA na segurança:

- Começamos por introduzir o conceito de IA e as suas aplicações no domínio da cibersegurança. A IA engloba uma série de tecnologias, incluindo a aprendizagem automática, o processamento de linguagem natural e as redes neuronais, que permitem aos computadores executar tarefas que tradicionalmente exigem inteligência humana, como o reconhecimento de padrões, a deteção de anomalias e a tomada de decisões.

Deteção e prevenção de ameaças com base em IA:

1. **Deteção de anomalias:**
   - Discutimos como as técnicas de deteção de anomalias baseadas em IA podem identificar desvios dos padrões normais de comportamento no tráfego de rede, nos registos do sistema e nas actividades dos utilizadores. Ao tirar partido dos algoritmos de aprendizagem automática, as organizações podem detetar e responder a actividades suspeitas indicativas de potenciais violações de segurança ou ciberataques.

2. **Análise comportamental:**
   - Exploramos como a análise comportamental orientada por IA pode ajudar as organizações a identificar e mitigar ameaças internas,

comprometimento de contas e tentativas de acesso não autorizado. Ao analisar o comportamento do utilizador e os dados contextuais, os sistemas de IA podem detetar atividades anómalas e sinalizar potenciais riscos de segurança em tempo real.

3. **Análise preditiva:**

- Examinamos o papel da análise preditiva na previsão e mitigação preventiva de ameaças cibernéticas antes que elas se materializem. Ao analisar dados históricos, os modelos de IA podem identificar tendências, padrões e indicadores de futuros incidentes de segurança, permitindo que as organizações implementem proactivamente medidas preventivas e reforcem as suas defesas.

Resposta e correção de incidentes com base em IA:

1. **Triagem automatizada de incidentes:**

- Discutimos como a automação orientada por IA pode simplificar os processos de triagem e resposta a incidentes, priorizando alertas, correlacionando eventos de segurança e fornecendo insights acionáveis aos analistas de segurança. As plataformas de resposta a incidentes com tecnologia de IA podem ajudar as organizações a detetar e conter incidentes de segurança mais rapidamente, minimizando o impacto nas operações e nos ativos de dados.

2. **Caça e investigação de ameaças:**

- Exploramos a forma como as tecnologias de IA podem aumentar os esforços de caça e investigação de ameaças, analisando grandes quantidades de dados de segurança, identificando padrões de ameaças e descobrindo ameaças ocultas que podem escapar aos controlos de segurança tradicionais. As plataformas de inteligência contra ameaças baseadas em IA podem capacitar as equipas de segurança para procurarem ameaças de forma proactiva e tomarem medidas preventivas para as neutralizar.

3. **Controlos de segurança adaptativos:**

- Destacamos a importância dos controlos de segurança adaptativos alimentados por algoritmos de IA que podem ajustar dinamicamente as políticas e configurações de segurança com base na informação sobre ameaças em tempo real e no conhecimento da situação. As soluções de segurança baseadas em IA podem responder de forma adaptativa à evolução das ameaças e vulnerabilidades, permitindo que as organizações mantenham uma postura de segurança resiliente face a mudanças constantes.

Desafios e considerações:

- Abordamos também os desafios e as considerações associadas ao aproveitamento da IA para melhorar a segurança, incluindo preocupações com a privacidade dos dados, o enviesamento algorítmico, a interpretabilidade do modelo e a necessidade de supervisão e validação humanas. Embora a IA ofereça um enorme potencial para fortalecer as defesas de segurança, as organizações devem navegar cuidadosamente por esses desafios para garantir o uso ético e eficaz das tecnologias de IA na segurança cibernética.

Conclusão:

- Concluímos salientando o impacto transformador da IA no reforço das medidas de segurança e na capacidade de as organizações se manterem à frente das ciberameaças num mundo cada vez mais digital e interligado. Ao tirar partido das tecnologias impulsionadas pela IA para a deteção de ameaças, prevenção e resposta a incidentes, as organizações podem reforçar as suas defesas de cibersegurança e proteger os seus activos críticos e informações sensíveis contra agentes maliciosos.

5.1.1. PAPEL DA INTELIGÊNCIA ARTIFICIAL NAS OPERAÇÕES DE SEGURANÇA E NA INFORMAÇÃO SOBRE AMEAÇAS

O papel fundamental que a inteligência artificial (IA) desempenha no reforço das operações de segurança e das capacidades de informação sobre ameaças. Este capítulo serve de guia abrangente para as organizações aproveitarem as tecnologias orientadas para a IA para simplificar as operações de segurança, automatizar a deteção e análise de ameaças e reforçar a sua postura geral de cibersegurança.

Introdução à IA nas operações de segurança:

- Começamos por introduzir o conceito de IA e as suas aplicações nas operações de segurança e na inteligência contra ameaças. A IA engloba uma série de tecnologias, incluindo a aprendizagem automática, o processamento de linguagem natural e a análise preditiva, que permitem às organizações automatizar tarefas repetitivas, analisar grandes quantidades de dados de segurança e identificar padrões indicativos de potenciais ameaças.

Melhorar as operações de segurança com a IA:

1. **Deteção e análise automatizadas de ameaças:**

   - Discutimos a forma como as ferramentas de segurança alimentadas por IA podem automatizar a deteção e análise de ameaças à segurança, monitorizando continuamente o tráfego de rede, os registos do sistema e o comportamento dos utilizadores. Os algoritmos de aprendizagem automática podem identificar actividades anómalas, correlacionar eventos de segurança e dar prioridade a alertas para investigação adicional, permitindo que as equipas de segurança respondam de forma mais eficaz a potenciais ameaças.

2. **Análise preditiva e avaliação de riscos:**

   - Exploramos a forma como a análise preditiva orientada para a IA pode ajudar as organizações a antecipar e mitigar as ciberameaças antes de estas ocorrerem. Ao analisar dados históricos e identificar tendências e padrões indicativos de potenciais riscos de segurança, os modelos de IA podem fornecer informações sobre ameaças e vulnerabilidades emergentes, permitindo que as organizações implementem proactivamente medidas preventivas e mitiguem os riscos.

3. **Orquestração e automatização da segurança:**

   - Examinamos o papel das plataformas de orquestração e automação de segurança alimentadas por IA na racionalização das operações de segurança e dos processos de resposta a incidentes. Estas plataformas podem automatizar tarefas repetitivas, orquestrar fluxos de trabalho em ferramentas de segurança díspares e permitir uma resposta rápida a incidentes de segurança, reduzindo assim os tempos de resposta e melhorando a eficiência global.

Aproveitamento da IA para a informação sobre ameaças:

1. **Deteção e atribuição de ameaças:**

   - Discutimos como as tecnologias de IA podem melhorar as capacidades de deteção e atribuição de ameaças através da análise de feeds de informações sobre ameaças, amostras de malware e indicadores de comprometimento (IOCs). Os algoritmos de IA podem identificar padrões e correlações nos dados de segurança, atribuir ataques a agentes ou grupos de ameaças específicos e fornecer informações accionáveis às equipas de segurança.

2. **Análise comportamental e deteção de anomalias:**

   - Exploramos a forma como a análise comportamental orientada por IA e as técnicas de deteção de anomalias podem ajudar as organizações a identificar e mitigar ameaças avançadas e ataques internos. Ao analisar o comportamento do utilizador e as actividades de rede, os modelos de IA podem detetar desvios dos padrões de comportamento normais e assinalar potenciais incidentes de segurança para investigação adicional.

3. **Modelação e Simulação de Ameaças Dinâmicas:**

   - Destacamos o papel da IA na modelação e simulação dinâmica de ameaças, em que os algoritmos de IA simulam ataques cibernéticos e prevêem o seu potencial impacto na infraestrutura e nos activos de uma organização. Isto permite que as organizações identifiquem e resolvam proactivamente as lacunas de segurança, dêem prioridade aos esforços de mitigação e reforcem as suas defesas contra ameaças emergentes.

Desafios e considerações:

- Abordamos também os desafios e considerações associados à integração da IA nas operações de segurança e na inteligência contra ameaças, incluindo preocupações com a privacidade dos dados, o enviesamento algorítmico, a interpretabilidade do modelo e a necessidade de supervisão e validação humanas. Embora a IA ofereça oportunidades significativas para melhorar as capacidades de segurança, as organizações devem enfrentar estes desafios para garantir a utilização ética e eficaz das tecnologias de IA na cibersegurança.

Conclusão:

*   Concluímos salientando o impacto transformador da IA nas operações de segurança e na inteligência contra ameaças, permitindo que as organizações automatizem tarefas repetitivas, detectem e respondam a ameaças à segurança de forma mais eficaz e se mantenham à frente da evolução das ciberameaças. Ao aproveitarem o poder das tecnologias orientadas para a IA, as organizações podem reforçar as suas defesas de cibersegurança e proteger os seus activos críticos e informações sensíveis contra agentes maliciosos.

5.1.2. ABORDAGENS ORIENTADAS PARA A IA PARA DETECÇÃO E ATENUAÇÃO PROACTIVAS DE AMEAÇAS

No panorama moderno da cibersegurança, as organizações enfrentam um conjunto de ameaças em constante evolução, desde malware sofisticado a ciberataques direccionados. As medidas de segurança tradicionais, embora ainda importantes, são frequentemente de natureza reactiva, respondendo às ameaças depois de estas já terem violado as defesas. Para enfrentar este desafio, as abordagens baseadas em IA para a deteção e mitigação proactiva de ameaças surgiram como ferramentas poderosas no arsenal da cibersegurança.

Introdução à Deteção e Mitigação Proactiva de Ameaças:

*   Começamos por destacar a importância de adotar medidas de segurança proactivas para nos mantermos à frente da evolução das ciberameaças. A deteção e mitigação proactivas de ameaças envolvem a utilização de abordagens baseadas em IA para identificar e neutralizar potenciais ameaças antes que estas possam explorar vulnerabilidades e comprometer os activos organizacionais.

Inteligência e análise de ameaças baseadas em IA:

1. **Análise comportamental:**

- Discutimos o papel da análise comportamental na deteção proactiva de ameaças, em que os algoritmos de IA analisam o comportamento do utilizador e as actividades da rede para identificar desvios dos padrões normais. Ao detetar anomalias indicativas de potenciais ameaças, as organizações podem tomar medidas preventivas para mitigar os riscos e evitar incidentes de segurança.

2. **Modelação Preditiva:**

   - Exploramos a forma como as técnicas de modelação preditiva, alimentadas por IA e aprendizagem automática, podem prever ameaças e vulnerabilidades emergentes com base em dados históricos e informações sobre ameaças. Ao analisar tendências e padrões, os modelos preditivos podem identificar potenciais vectores de ataque e ajudar as organizações a dar prioridade aos esforços de mitigação de forma proactiva.

3. **Caça e simulação de ameaças:**

   - Examinamos o conceito de caça às ameaças, em que as equipas de segurança utilizam ferramentas baseadas em IA para procurar proactivamente sinais de comprometimento nas suas redes. As plataformas de caça a ameaças baseadas em IA utilizam algoritmos de aprendizagem automática para analisar grandes quantidades de dados de segurança e identificar indicadores de comprometimento (IOCs) que podem sinalizar a presença de ameaças avançadas.

Orquestração e automatização da segurança baseada em IA:

1. **Acções de resposta automatizadas:**

   - Discutimos como as plataformas de orquestração e automação de segurança orientadas por IA permitem que as organizações automatizem ações de resposta com base em políticas de segurança e manuais predefinidos. Ao aproveitar os algoritmos de IA, estas plataformas podem detetar e responder autonomamente a incidentes de segurança em tempo real, reduzindo os tempos de resposta e minimizando o impacto dos ataques.

2. **Controlos de segurança adaptativos:**

- Exploramos o conceito de controlos de segurança adaptáveis, em que os algoritmos de IA monitorizam e ajustam continuamente as políticas e configurações de segurança com base na evolução da informação sobre ameaças e no conhecimento da situação. Os controlos de segurança adaptativos permitem que as organizações adaptem dinamicamente as suas defesas às ameaças e vulnerabilidades emergentes, melhorando a resiliência e a agilidade.

Desafios e considerações:

- Abordamos também os desafios e considerações associados à implementação de abordagens baseadas em IA para a deteção e mitigação proactivas de ameaças, incluindo preocupações com a privacidade dos dados, enviesamento algorítmico, interpretabilidade do modelo e a necessidade de supervisão e validação humanas. As organizações têm de enfrentar cuidadosamente estes desafios para garantir a utilização ética e eficaz das tecnologias de IA na cibersegurança.

Conclusão:

- Concluímos salientando o potencial transformador das abordagens baseadas em IA para a deteção e mitigação proactivas de ameaças, permitindo que as organizações se mantenham à frente das ciberameaças e protejam os seus activos críticos e informações sensíveis contra agentes maliciosos. Ao aproveitar o poder das tecnologias alimentadas por IA, as organizações podem melhorar a sua postura de cibersegurança e mitigar os riscos de forma proactiva num cenário de ameaças cada vez mais complexo e dinâmico.

5.2. APRENDIZAGEM AUTOMÁTICA PARA A CIBERSEGURANÇA

1. Introdução à aprendizagem automática no domínio da cibersegurança:

- Visão geral da aprendizagem automática: Introdução aos conceitos, algoritmos e técnicas de aprendizagem automática normalmente utilizados na cibersegurança.
- Importância da aprendizagem automática na cibersegurança: Explicação da forma como a aprendizagem automática melhora a cibersegurança, permitindo

a deteção proactiva de ameaças, a resposta rápida a incidentes e medidas de segurança adaptáveis.

2. Aplicações da aprendizagem automática na cibersegurança:

- Deteção de Anomalias: Explicação detalhada das técnicas de deteção de anomalias que utilizam algoritmos de aprendizagem automática para identificar desvios do comportamento normal, incluindo a deteção de anomalias estatísticas, a deteção de anomalias baseada em agrupamentos e a deteção de anomalias supervisionada.

- Deteção de malware: Visão geral das abordagens de aprendizagem automática para deteção de malware, incluindo análise estática, análise dinâmica e métodos de deteção baseados no comportamento.

- Análise do comportamento do utilizador (UBA): Explicação de como a aprendizagem automática é utilizada para analisar padrões de comportamento do utilizador e detetar ameaças internas, comprometimento de contas e tentativas de acesso não autorizado.

- Inteligência contra ameaças: Discussão sobre a utilização da aprendizagem automática para processar e analisar feeds de informações sobre ameaças para identificar ameaças emergentes, dar prioridade a alertas e fornecer informações accionáveis aos analistas de segurança.

- Análise do tráfego de rede: Explicação detalhada dos sistemas de deteção de intrusão (IDS) baseados na aprendizagem automática e do seu papel na análise dos padrões de tráfego de rede para detetar e mitigar ameaças baseadas na rede em tempo real.

3. Desafios e considerações:

- Qualidade e quantidade de dados: Abordar os desafios relacionados com a qualidade, quantidade e diversidade dos dados nas soluções de cibersegurança baseadas na aprendizagem automática.

- Interpretabilidade dos modelos: Debate sobre a importância da interpretabilidade dos modelos na cibersegurança e técnicas para explicar as decisões tomadas pelos modelos de aprendizagem automática.

- Enviesamento algorítmico: Análise dos potenciais enviesamentos inerentes aos algoritmos de aprendizagem automática e estratégias para atenuar os enviesamentos nas aplicações de cibersegurança.

- Ataques adversários: Panorâmica dos ataques adversários que visam modelos
  de aprendizagem automática em cibersegurança e técnicas de defesa contra os
  mesmos.

4. Direcções e oportunidades futuras:

- Integração com outras tecnologias de segurança: Exploração de oportunidades
  de integração da aprendizagem automática com outras tecnologias de
  segurança, como plataformas de inteligência contra ameaças, orquestração de
  segurança e soluções de automação (SOAR) e blockchain.
- Avanços na aprendizagem automática: Debate sobre as tendências emergentes
  e os avanços nas técnicas de aprendizagem automática, como a aprendizagem
  profunda, a aprendizagem por reforço e a aprendizagem federada, e as suas
  potenciais aplicações na cibersegurança.
- Considerações éticas e regulamentares: Consideração das implicações éticas e
  regulamentares associadas à utilização da aprendizagem automática na
  cibersegurança, incluindo preocupações com a privacidade, regulamentos de
  proteção de dados e requisitos de conformidade.

5.2.1. APLICAÇÕES DA APRENDIZAGEM AUTOMÁTICA NA DETECÇÃO DE ANOMALIAS, RECONHECIMENTO DE PADRÕES E ANÁLISE PREDITIVA

1. Deteção de anomalias:

- Explicação da Deteção de Anomalias: Introdução ao conceito de deteção de
  anomalias, que envolve a identificação de padrões nos dados que se desviam
  significativamente do comportamento normal. As anomalias podem indicar
  potenciais ameaças à segurança, mau funcionamento do sistema ou actividades
  fraudulentas.
- Abordagens de aprendizagem automática: Visão geral das técnicas de
  aprendizagem automática utilizadas para a deteção de anomalias, incluindo a
  aprendizagem supervisionada, não supervisionada e semi-supervisionada. Os
  algoritmos de aprendizagem supervisionada são treinados em dados rotulados
  para classificar as instâncias como normais ou anómalas, enquanto os
  algoritmos de aprendizagem não supervisionada identificam anomalias com
  base em desvios dos padrões normais. A aprendizagem semi-supervisionada

combina dados etiquetados e não etiquetados para detetar anomalias de forma mais eficiente.

- Aplicações em cibersegurança: Debate sobre a aplicação da deteção de anomalias na cibersegurança, incluindo a deteção de intrusões na rede, a deteção de fraudes, a deteção de ameaças internas e a deteção de malware baseado em anomalias. Os sistemas de deteção de anomalias com base na aprendizagem automática podem analisar grandes volumes de dados em tempo real para identificar actividades suspeitas e desencadear alertas para uma investigação mais aprofundada.

2. Reconhecimento de padrões:

- Conceito de reconhecimento de padrões: Introdução ao reconhecimento de padrões como o processo de identificação de regularidades ou padrões recorrentes em dados. Os padrões podem representar informações significativas, tendências ou relações que podem ser utilizadas para a tomada de decisões e análise.

- Técnicas de aprendizagem automática: Visão geral das técnicas de aprendizagem automática utilizadas para reconhecimento de padrões, incluindo classificação, agrupamento e extração de regras de associação. Os algoritmos de classificação classificam as instâncias em categorias predefinidas com base nas suas características, enquanto os algoritmos de agrupamento agrupam instâncias semelhantes com base nas suas características. A extração de regras de associação identifica padrões de itens coincidentes em dados transaccionais.

- Aplicações em vários domínios: Exploração das aplicações do reconhecimento de padrões em diversos domínios, incluindo o reconhecimento de imagens, o reconhecimento da fala, o processamento de linguagem natural, a previsão financeira e o diagnóstico médico. Os sistemas de reconhecimento de padrões baseados na aprendizagem automática permitem a análise automatizada de fontes de dados complexas e a extração de conhecimentos valiosos para a tomada de decisões.

3. Análise preditiva:

- Visão geral da análise preditiva: Introdução à análise preditiva como o processo de utilização de dados históricos para fazer previsões sobre eventos ou resultados futuros. Os modelos preditivos utilizam algoritmos de aprendizagem automática para analisar padrões e tendências nos dados e prever comportamentos futuros.

- Modelos de aprendizagem automática: Discussão sobre vários modelos de aprendizagem automática utilizados para análise preditiva, incluindo regressão, previsão de séries temporais, árvores de decisão e redes neurais. Estes modelos permitem que as organizações antecipem tendências, identifiquem riscos e tomem decisões informadas com base em conhecimentos orientados por dados.

- Aplicações em negócios e cibersegurança: Exame das aplicações da análise preditiva nos negócios, finanças, marketing, cuidados de saúde e cibersegurança. A análise preditiva pode ser utilizada para previsão da procura, segmentação de clientes, deteção de fraudes, gestão de riscos, previsão de ameaças e resposta a incidentes. Os modelos preditivos baseados na aprendizagem automática podem analisar grandes conjuntos de dados e gerar previsões exactas para apoiar os processos de tomada de decisões.

Conclusão:

Recapitulação dos principais conceitos e aplicações abordados no capítulo, realçando a importância da aprendizagem automática na deteção de anomalias, reconhecimento de padrões e análise preditiva em vários domínios. A aprendizagem automática permite que as organizações aproveitem as informações baseadas em dados para melhorar a tomada de decisões, reforçar a segurança e atingir objectivos comerciais.

5.2.2. DESAFIOS E OPORTUNIDADES NA INTEGRAÇÃO DAS TÉCNICAS DE ML NAS ESTRATÉGIAS DE CIBERDEFESA

1. Introdução às técnicas de ML na ciberdefesa:

- Visão geral das técnicas de aprendizagem automática (ML): Introdução às várias técnicas de ML utilizadas na cibersegurança, incluindo a aprendizagem supervisionada, a aprendizagem não supervisionada, a aprendizagem por reforço e a aprendizagem profunda. Explicação de como os algoritmos de ML podem analisar grandes volumes de dados para detetar padrões e anomalias indicativos de ciberameaças.

2. Desafios da integração do ML na ciberdefesa:

- Qualidade e quantidade dos dados: Discussão sobre os desafios relacionados com a qualidade e quantidade de dados em estratégias de ciberdefesa baseadas em ML. Abordagem de questões como conjuntos de dados incompletos, desequilibrados e ruidosos que podem afetar o desempenho dos algoritmos de ML.

- Interpretabilidade do modelo: Explicação do desafio da interpretabilidade do modelo em sistemas de ciberdefesa baseados em ML. Sublinhar a importância de compreender a forma como os algoritmos de ML tomam decisões e as potenciais consequências de imprecisões ou enviesamentos do modelo.

- Preconceito e equidade algorítmica: Análise do desafio do enviesamento algorítmico e da equidade na ciberdefesa baseada em ML. Debate sobre a forma como os enviesamentos nos dados de formação ou na conceção de algoritmos podem conduzir a resultados injustos e práticas discriminatórias.

- Ataques adversários: Exploração do desafio dos ataques adversários que visam os sistemas de ciberdefesa baseados em ML. Analisar a forma como os adversários podem manipular os dados de entrada ou explorar vulnerabilidades nos algoritmos de ML para evitar a deteção ou causar erros de classificação.

- Escalabilidade e desempenho: Abordar o desafio da escalabilidade e do desempenho em soluções de ciberdefesa baseadas em ML. Discutir a complexidade computacional e os requisitos de recursos da formação e implementação de modelos de ML em ambientes de grande escala e em tempo real.

3. Oportunidades e estratégias para superar os desafios:

- Aumento e pré-processamento de dados: Explicação das técnicas de aumento e pré-processamento de dados para melhorar a qualidade e a diversidade dos dados de treino para modelos de ML. Discutir métodos como a limpeza de dados, a engenharia de características e a geração de dados sintéticos.

- Explicabilidade e transparência dos modelos: Introdução de técnicas para melhorar a explicabilidade e transparência dos modelos em sistemas de ciberdefesa baseados em ML. Explicação do modo como os modelos de ML interpretáveis e os métodos de IA explicável (XAI) podem ajudar as partes interessadas a compreender e a confiar nas decisões baseadas em ML.

- Equidade e considerações éticas: Debate sobre estratégias para promover a equidade e abordar considerações éticas na ciberdefesa baseada em ML. Destacando a importância de algoritmos de ML conscientes da equidade e de directrizes éticas para o desenvolvimento e a implantação responsáveis da IA.
- Robustez e segurança: Análise de técnicas para melhorar a robustez e a segurança dos sistemas de ciberdefesa baseados em ML contra ataques de adversários. Exploração de métodos como a formação de adversários, a montagem de modelos e a deteção de anomalias para detetar e atenuar as ameaças adversárias.

4. Estudos de casos e boas práticas:

- Estudos de casos: Apresentação de estudos de casos reais e melhores práticas que ilustram a integração bem-sucedida de técnicas de ML em estratégias de defesa cibernética. Analisar a forma como as organizações ultrapassaram os desafios e obtiveram resultados positivos ao tirar partido do ML para a deteção de ameaças, resposta a incidentes e gestão de vulnerabilidades.
- Lições aprendidas: Reflexão sobre as lições aprendidas com estudos de casos e melhores práticas na integração do ML na ciberdefesa. Identificar os principais factores de sucesso, as armadilhas a evitar e as oportunidades de investigação e inovação futuras na ciberdefesa orientada para o ML.

5. Conclusão:

- Recapitulação dos principais desafios, oportunidades e estratégias abordados no capítulo. Sublinhar a importância de enfrentar os desafios e aproveitar as oportunidades para integrar eficazmente as técnicas de ML nas estratégias de ciberdefesa. Incentivar as organizações a adoptarem uma abordagem holística à ciberdefesa impulsionada pelo ML, englobando considerações técnicas, organizacionais e éticas.

CAPÍTULO VI

BIOMETRIA E GESTÃO DA IDENTIDADE

6.1 TECNOLOGIAS BIOMÉTRICAS E MÉTODOS DE AUTENTICAÇÃO

1. Introdução às tecnologias biométricas

As tecnologias biométricas são métodos sofisticados utilizados para identificar indivíduos com base em características fisiológicas ou comportamentais únicas. Estas características, como as impressões digitais, os padrões da íris, as características faciais ou os padrões de voz, são distintivas de cada pessoa e constituem um meio fiável de autenticação. Ao contrário dos métodos de autenticação tradicionais, como as palavras-passe ou os PIN, a biometria oferece maior segurança e comodidade, o que a torna cada vez mais popular em vários sectores.

2. Métodos de autenticação biométrica

Os métodos de autenticação biométrica podem ser classificados em autenticação de fator único e de fator múltiplo. A autenticação de fator único depende apenas de uma modalidade biométrica para verificação, enquanto a autenticação multifactor combina várias modalidades ou factores biométricos para uma maior segurança. Além disso, os métodos de autenticação biométrica podem ser classificados como abordagens baseadas em modelos ou sem modelos. Os métodos baseados em modelos armazenam características biométricas num formato de modelo, enquanto as abordagens sem modelos utilizam algoritmos de extração de características sem armazenar dados em bruto, aumentando a privacidade e a segurança.

3. Tecnologias biométricas comuns

Várias tecnologias biométricas comuns são amplamente utilizadas para efeitos de autenticação:

- Reconhecimento de impressões digitais: Analisa padrões únicos em impressões digitais para autenticação, amplamente adoptados em smartphones, computadores portáteis e sistemas de controlo de acesso.

- Reconhecimento da íris: Captura imagens de alta resolução da íris para criar um modelo biométrico único, conhecido pela sua elevada precisão e fiabilidade.
- Reconhecimento facial: Analisa as características faciais para autenticação, utilizada em vigilância, controlo de fronteiras e dispositivos móveis.
- Reconhecimento de voz: Analisa as características únicas da voz de um indivíduo, como o tom e a tonalidade, para verificação do orador e controlo de acesso.

4. Vantagens e desafios da autenticação biométrica

A autenticação biométrica oferece inúmeras vantagens, incluindo maior segurança, comodidade e aceitação por parte dos utilizadores. Ao eliminar a necessidade de palavras-passe e ao reduzir o risco de roubo de identidade, a biometria melhora significativamente a experiência do utilizador. No entanto, há que enfrentar desafios como as preocupações com a privacidade, os ataques de falsificação e as questões de interoperabilidade. É fundamental proteger os dados biométricos contra o acesso não autorizado e garantir a conformidade com as normas de privacidade.

5. Tendências emergentes e direcções futuras

As tecnologias biométricas emergentes, incluindo o reconhecimento de veias, o reconhecimento de orelhas e a biometria comportamental, são promissoras para melhorar a precisão e a segurança da autenticação. A integração com algoritmos de inteligência artificial (IA) e de aprendizagem automática (ML) está a impulsionar os avanços na autenticação biométrica, melhorando a extração de características, a precisão da correspondência e as capacidades anti-falsificação.

6. Estudos de casos e boas práticas

Os estudos de casos reais destacam implementações bem sucedidas da autenticação biométrica em vários sectores, oferecendo uma visão dos benefícios, desafios e lições aprendidas. As melhores práticas para a implementação de sistemas de autenticação biométrica incluem uma seleção cuidadosa das modalidades, testes rigorosos, formação dos utilizadores e monitorização contínua para resolver as vulnerabilidades de segurança.

7. Conclusão

Em conclusão, as tecnologias biométricas desempenham um papel crucial nos métodos de autenticação modernos, oferecendo maior segurança e experiência do utilizador. Ao compreenderem as vantagens, os desafios e as tendências emergentes na autenticação biométrica, as organizações podem aproveitar eficazmente estas tecnologias para reforçar as suas estratégias de cibersegurança, assegurando simultaneamente que a privacidade e as considerações éticas são tidas em conta.

6.1.1. PANORÂMICA DAS TECNOLOGIAS DE IDENTIFICAÇÃO BIOMÉTRICA: IMPRESSÕES DIGITAIS, RECONHECIMENTO FACIAL, LEITURA DA ÍRIS, ETC.

1. Reconhecimento de impressões digitais

O reconhecimento de impressões digitais é uma das tecnologias de identificação biométrica mais antigas e mais utilizadas. Funciona através da análise dos padrões únicos de sulcos e cristas na ponta do dedo de um indivíduo. Estes padrões, conhecidos como pontos minuciosos, são captados por scanners de impressões digitais e convertidos num modelo digital para comparação. Os sistemas de reconhecimento de impressões digitais são altamente precisos, eficientes e económicos, o que os torna adequados para uma vasta gama de aplicações, incluindo controlo de acesso, investigações forenses e autenticação de dispositivos móveis.

2. Reconhecimento facial

A tecnologia de reconhecimento facial analisa os traços e as características únicas do rosto de um indivíduo para verificar a sua identidade. Capta dados biométricos faciais, como a distância entre os olhos, a forma do nariz e a linha do maxilar, que são depois comparados com uma base de dados de rostos conhecidos. O reconhecimento facial ganhou uma popularidade significativa nos últimos anos devido à sua natureza não intrusiva e à sua adoção generalizada na vigilância, na aplicação da lei e na eletrónica de consumo (por exemplo, smartphones, plataformas de redes sociais). No entanto, as preocupações relacionadas com a privacidade, a exatidão e o enviesamento suscitaram um exame minucioso e apelos à regulamentação da sua utilização.

3. Digitalização da íris

A tecnologia de reconhecimento da íris utiliza os padrões intrincados na parte colorida do olho, conhecida como íris, para identificação biométrica. As digitalizações da íris são altamente precisas e fiáveis, uma vez que a íris contém características únicas que se mantêm estáveis ao longo do tempo. Os sistemas de reconhecimento da íris captam imagens de alta resolução da íris e extraem características distintivas para autenticação. Apesar da sua elevada precisão, a tecnologia de reconhecimento da íris é menos comum do que outras modalidades biométricas devido ao seu custo relativamente elevado e aos requisitos de hardware especializado. No entanto, é amplamente utilizada em aplicações que exigem medidas de segurança rigorosas, como o controlo de fronteiras, programas de identificação nacional e acesso a instalações de alta segurança.

4. Reconhecimento de voz

A tecnologia de reconhecimento de voz identifica as pessoas com base nas características únicas da sua voz, incluindo a altura, o tom, a cadência e a pronúncia. A biometria da voz é captada através de microfones e analisada para criar uma impressão digital da voz, que é depois comparada com modelos armazenados para autenticação. O reconhecimento de voz é normalmente utilizado em serviços bancários por telefone, centros de atendimento, assistentes de voz e redefinição automática de palavras-passe. Os avanços na aprendizagem automática e no processamento de linguagem natural melhoraram a precisão e a fiabilidade dos sistemas de reconhecimento de voz, permitindo experiências de autenticação seguras e sem falhas.

5. Tecnologias biométricas emergentes

Para além das modalidades biométricas tradicionais, as tecnologias biométricas emergentes, como o reconhecimento de veias, o reconhecimento de orelhas e a biometria comportamental, estão a ganhar força. O reconhecimento de veias analisa os padrões das veias sob a superfície da pele, oferecendo uma forma de identificação biométrica altamente segura e inviolável. A tecnologia de reconhecimento de orelhas identifica os indivíduos com base nas características únicas da forma e estrutura das suas orelhas, proporcionando um método de autenticação não intrusivo e de fácil utilização. A biometria comportamental capta padrões de comportamento únicos, como o ritmo de digitação, os movimentos do rato e a marcha para autenticação, oferecendo capacidades de autenticação contínua e passiva do utilizador.

6. Conclusão

Em conclusão, as tecnologias de identificação biométrica oferecem uma gama diversificada de opções para uma autenticação segura e conveniente em vários domínios. Ao compreender os pontos fortes, as limitações e as tendências emergentes da biometria, as organizações podem tirar partido destas tecnologias para melhorar a segurança, simplificar os processos de autenticação e proteger informações sensíveis na era digital. No entanto, é essencial ter em conta as preocupações com a privacidade, garantir a conformidade regulamentar e implementar medidas de segurança robustas para reduzir os potenciais riscos associados aos dados biométricos.

6.1.2. PAPEL DA BIOMETRIA NO REFORÇO DA VERIFICAÇÃO DA IDENTIDADE E DO CONTROLO DO ACESSO

1. Introdução à biometria na verificação de identidade: A biometria, a medição e análise de características biológicas ou comportamentais únicas, revolucionou os métodos de verificação de identidade. Ao contrário dos métodos de autenticação tradicionais, como as palavras-passe ou os PIN, que podem ser esquecidos, roubados ou partilhados, a biometria proporciona um meio altamente seguro e conveniente de verificar a identidade de um indivíduo.

2. Modalidades biométricas únicas: Este capítulo apresenta uma panorâmica de várias modalidades biométricas, incluindo impressões digitais, reconhecimento facial, digitalização da íris, reconhecimento de voz e tecnologias emergentes como o reconhecimento de veias e a biometria comportamental. Cada modalidade oferece vantagens distintas em termos de precisão, fiabilidade e aceitação pelo utilizador, tornando-as adequadas para diferentes aplicações e ambientes.

3. Reforçar os mecanismos de controlo do acesso: A biometria desempenha um papel fundamental no reforço dos mecanismos de controlo de acesso em todas as indústrias e sectores. Ao integrar a autenticação biométrica nos sistemas de controlo de acesso, as organizações podem garantir que apenas os indivíduos autorizados têm acesso a áreas, sistemas ou informações sensíveis. O controlo de acesso baseado na biometria oferece várias vantagens, incluindo:

- Segurança reforçada: Os identificadores biométricos são únicos para cada indivíduo e difíceis de replicar, reduzindo o risco de acesso não autorizado através de credenciais roubadas ou fraude de identidade.

- Melhoria da experiência do utilizador: A autenticação biométrica é de fácil utilização e elimina a necessidade de memorizar e gerir palavras-passe complexas ou cartões de acesso, melhorando a experiência do utilizador e a produtividade.

- Autenticação em tempo real: Os sistemas biométricos fornecem autenticação em tempo real, permitindo que as organizações verifiquem rapidamente as identidades dos indivíduos e concedam ou recusem o acesso com base em critérios predefinidos.

- Pistas de auditoria e responsabilidade: Os sistemas de controlo de acesso biométrico mantêm pistas de auditoria detalhadas das tentativas de acesso, fornecendo às organizações informações valiosas sobre quem acedeu ao quê, quando e onde, melhorando a responsabilidade e a conformidade.

4. Aplicações em vários sectores: O capítulo explora as diversas aplicações do controlo de acesso com base na biometria em várias indústrias, incluindo

- Ambientes empresariais: Os sistemas de controlo de acesso biométrico são normalmente utilizados em ambientes empresariais para proteger edifícios de escritórios, centros de dados e informações sensíveis.

- Instalações de cuidados de saúde: A biometria é utilizada em instalações de cuidados de saúde para garantir que apenas o pessoal autorizado pode aceder aos registos dos pacientes, armários de medicamentos e áreas restritas.

- Agências governamentais: As agências governamentais utilizam a autenticação biométrica para controlo de fronteiras, programas de identificação nacional, aplicação da lei e acesso a instalações seguras.

- Instituições financeiras: Os bancos e as instituições financeiras utilizam tecnologias biométricas para transacções ATM seguras, serviços bancários móveis e acesso a áreas de alta segurança.

5. Desafios e considerações: Embora o controlo de acesso baseado na biometria ofereça inúmeras vantagens, as organizações têm de enfrentar vários desafios e considerações, incluindo

- Privacidade e proteção de dados: A recolha e o armazenamento de dados biométricos suscitam preocupações de privacidade e requisitos de conformidade regulamentar, exigindo medidas robustas de proteção de dados e procedimentos de consentimento informado.

- Riscos de segurança: Os sistemas biométricos são vulneráveis a ataques como o spoofing, em que os adversários tentam enganar o sistema utilizando amostras biométricas falsas. A implementação de medidas anti-falsificação e a autenticação multi-fator podem atenuar estes riscos.

- Interoperabilidade e integração: A integração de sistemas biométricos com a infraestrutura de controlo de acesso e os sistemas de TI existentes requer um planeamento e uma coordenação cuidadosos para garantir um funcionamento sem falhas e a compatibilidade.

6. Conclusão: Em conclusão, o capítulo sublinha o papel crítico da biometria no reforço da verificação da identidade e das medidas de controlo de acesso no panorama digital atual. Ao tirar partido das tecnologias biométricas de forma eficaz, as organizações podem aumentar a segurança, simplificar os processos de acesso e reduzir os riscos associados ao acesso não autorizado e à fraude de identidade. No entanto, é essencial que as organizações abordem as preocupações com a privacidade, implementem medidas de segurança robustas e se mantenham a par das tendências emergentes e das melhores práticas na autenticação biométrica.

6.2. REFORÇO DA SEGURANÇA COM AUTENTICAÇÃO BIOMÉTRICA

1. Introdução à autenticação biométrica: O capítulo começa com uma introdução à autenticação biométrica, realçando a sua importância no reforço das medidas de segurança. A autenticação biométrica verifica a identidade dos indivíduos com base nas suas características biológicas ou comportamentais únicas, oferecendo uma alternativa mais segura e conveniente aos métodos de autenticação tradicionais, como palavras-passe ou PIN.

2. Vantagens da autenticação biométrica: Este capítulo descreve as vantagens da autenticação biométrica no reforço da segurança:

- Unicidade: Os identificadores biométricos, como as impressões digitais ou os padrões da íris, são inerentemente únicos para cada indivíduo, o que os torna difíceis de replicar ou falsificar.

- Não transferibilidade: Ao contrário das palavras-passe ou tokens, os traços biométricos não podem ser partilhados ou roubados, reduzindo o risco de acesso não autorizado.

- Conveniência: A autenticação biométrica elimina a necessidade de os utilizadores se lembrarem e gerirem palavras-passe, simplificando o processo de autenticação e melhorando a experiência do utilizador.

3. Mecanismos de autenticação biométrica: Este capítulo explora diferentes mecanismos de autenticação biométrica e as suas aplicações:

- Autenticação de fator único: A autenticação biométrica de fator único depende apenas de uma modalidade biométrica, como a impressão digital ou o reconhecimento facial, para a verificação da identidade.
- Autenticação multifactor: A autenticação biométrica multifactor combina várias modalidades ou factores biométricos (por exemplo, impressão digital + digitalização da íris) para uma segurança reforçada.
- Autenticação contínua: A autenticação biométrica contínua monitoriza continuamente o comportamento do utilizador ou as características biométricas ao longo de uma sessão, proporcionando uma verificação contínua e aumentando a segurança.

4. Considerações sobre a implementação: Este capítulo aborda as principais considerações para a implementação de sistemas de autenticação biométrica:

- Segurança dos dados: A proteção dos dados biométricos é crucial para evitar o acesso não autorizado ou a utilização indevida. Devem ser utilizadas técnicas de encriptação, hashing e armazenamento seguro para salvaguardar os modelos biométricos.
- Privacidade do utilizador: O respeito pelos direitos de privacidade dos utilizadores é fundamental na recolha e tratamento de dados biométricos. Devem estar em vigor políticas de privacidade transparentes e procedimentos de consentimento informado.
- Medidas anti-falsificação: Os sistemas biométricos devem incorporar medidas anti-falsificação para detetar e impedir ataques de falsificação de identidade utilizando amostras ou réplicas biométricas falsas.
- Desempenho do sistema: Os sistemas de autenticação biométrica devem equilibrar os requisitos de segurança com a facilidade de utilização e o desempenho para garantir uma experiência de utilização sem problemas.

5. Aplicações da autenticação biométrica: O capítulo explora diversas aplicações da autenticação biométrica em vários sectores:

- Controlo de acesso físico: A autenticação biométrica é amplamente utilizada para garantir o acesso físico a edifícios, centros de dados e áreas restritas.
- Verificação da identidade digital: A autenticação biométrica verifica as identidades digitais para serviços bancários em linha, comércio eletrónico e serviços governamentais.
- Dispositivos móveis: As funcionalidades de autenticação biométrica, como os scanners de impressões digitais e o reconhecimento facial, estão integradas nos smartphones e tablets para desbloqueio seguro de dispositivos e pagamentos móveis.

6. Tendências e desafios futuros: O capítulo conclui com uma perspetiva das tendências e desafios futuros no domínio da autenticação biométrica:

- Avanços tecnológicos: As tecnologias emergentes, como o reconhecimento de veias, a biometria comportamental e a fusão de várias modalidades biométricas, são promissoras para melhorar a precisão e a segurança da autenticação.
- Considerações éticas e jurídicas: A abordagem de questões éticas, como o consentimento, a privacidade dos dados e o enviesamento algorítmico, é essencial para garantir a implantação responsável de sistemas de autenticação biométrica.

6. **Conclusão:** Em conclusão, o capítulo destaca o papel da autenticação biométrica no reforço da segurança em vários domínios. Ao tirar partido das tecnologias biométricas de forma eficaz e ao abordar os desafios de implementação, as organizações podem reforçar a sua postura de segurança e reduzir os riscos associados ao acesso não autorizado e à fraude de identidade. No entanto, a investigação contínua, a colaboração e a conformidade com as normas éticas e legais são cruciais para a realização de todo o potencial da autenticação biométrica na era digital.

6.2.1. VANTAGENS E LIMITAÇÕES DOS SISTEMAS DE AUTENTICAÇÃO BIOMÉTRICA

1. Vantagens dos sistemas de autenticação biométrica:

- Unicidade: Os traços biométricos, como as impressões digitais ou os padrões da íris, são inerentemente únicos para cada indivíduo, proporcionando um elevado nível de precisão na verificação da identidade.

- Não-replicabilidade: Ao contrário das palavras-passe ou dos tokens, as características biométricas não podem ser facilmente duplicadas ou roubadas, reduzindo o risco de acesso não autorizado.

- Conveniência: A autenticação biométrica elimina a necessidade de os utilizadores se lembrarem de palavras-passe ou de transportarem tokens físicos, melhorando a experiência do utilizador e reduzindo o peso da autenticação.

- Segurança: Os traços biométricos são difíceis de forjar ou falsificar, o que torna os sistemas de autenticação biométrica altamente resistentes aos ataques de falsificação de identidade e à fraude de identidade.

- Escalabilidade: Os sistemas de autenticação biométrica podem ser escalados para acomodar grandes populações de utilizadores sem comprometer a segurança ou o desempenho.

2. Limitações dos sistemas de autenticação biométrica:

- Desafios do registo: O processo de registo de utilizadores em sistemas de autenticação biométrica pode ser moroso e exigir muitos recursos, especialmente em implantações em grande escala.

- Preocupações com a privacidade: A recolha e o armazenamento de dados biométricos suscita preocupações em matéria de privacidade no que respeita à sua utilização indevida ou ao acesso não autorizado. São necessárias políticas e salvaguardas claras para responder a estas preocupações.

- Sensibilidade a factores ambientais: Os sistemas de autenticação biométrica podem ser afectados por factores ambientais, como as condições de iluminação, o ruído ou as alterações do aspeto físico, o que pode levar a falhas de autenticação.

- Vulnerabilidade a ataques: Os sistemas biométricos são vulneráveis a vários ataques, incluindo falsificação, ataques de repetição e violações das bases de dados. As medidas anti-spoofing e as técnicas de cifragem são essenciais para atenuar estes riscos.

- Custo e complexidade: A implementação de sistemas de autenticação biométrica pode implicar custos iniciais significativos de hardware, software e infra-estruturas, bem como despesas contínuas de manutenção e apoio.

- Aceitação do utilizador: Alguns utilizadores podem hesitar em adotar a autenticação biométrica devido a preocupações com a privacidade, segurança ou preferências culturais. Educar os utilizadores sobre os benefícios e as salvaguardas da tecnologia biométrica pode ajudar a ultrapassar estas barreiras.

3. Estratégias de atenuação e melhores práticas:

- Autenticação multi-fator: A combinação da autenticação biométrica com outros factores, como palavras-passe ou tokens, pode aumentar a segurança e a resistência contra ataques.

- Monitorização contínua: A implementação de mecanismos de autenticação contínua para monitorizar o comportamento do utilizador ou as características biométricas ao longo de uma sessão pode detetar anomalias e tentativas de acesso não autorizado.

- Actualizações e patches regulares: Manter os sistemas de autenticação biométrica actualizados com os mais recentes patches de segurança e actualizações de firmware ajuda a reduzir as vulnerabilidades e a proteger contra ameaças emergentes.

- Educação e sensibilização dos utilizadores: A oferta de programas abrangentes de formação e sensibilização para os utilizadores pode aumentar a aceitação e a compreensão dos sistemas de autenticação biométrica, reduzindo a resistência e melhorando as taxas de adoção.

4. Conclusão:

- O capítulo conclui sublinhando a importância de equilibrar cuidadosamente as vantagens e limitações dos sistemas de autenticação biométrica para maximizar a segurança e, ao mesmo tempo, abordar as preocupações com a privacidade e a aceitação do utilizador. Ao implementar estratégias de atenuação adequadas e melhores práticas, as organizações podem aproveitar os benefícios exclusivos da tecnologia biométrica para melhorar a segurança da autenticação e proteger eficazmente as informações sensíveis.

6.2.2. ESTUDOS DE CASOS E EXEMPLOS DE IMPLEMENTAÇÃO BIOMÉTRICA EM PROTOCOLOS DE SEGURANÇA

1. Introdução à implementação biométrica em protocolos de segurança:

- Visão geral da autenticação biométrica: Breve introdução ao conceito de autenticação biométrica e ao seu significado no reforço dos protocolos de segurança.

- Importância dos estudos de casos: Explicação do valor dos estudos de casos e dos exemplos do mundo real para ilustrar as aplicações práticas e a eficácia da tecnologia biométrica em contextos de segurança.

2. Estudo de caso 1: Controlo de segurança nos aeroportos:

- Descrição da utilização da autenticação biométrica em protocolos de segurança aeroportuária, como o rastreio de passageiros e o controlo de fronteiras.

- Exemplo de identificadores biométricos, como o reconhecimento facial ou a leitura da íris, que estão a ser utilizados para verificar a identidade dos viajantes e reforçar as medidas de segurança.

- Discussão dos benefícios, desafios e resultados associados à implementação da autenticação biométrica nos protocolos de segurança dos aeroportos.

3. Estudo de caso 2: Transacções financeiras e segurança bancária:

- Análise do papel da autenticação biométrica na segurança das transacções financeiras e dos serviços bancários, incluindo levantamentos em ATM, serviços bancários em linha e autenticação de pagamentos.

- Exemplo de modalidades biométricas, como o reconhecimento de impressões digitais ou de voz, que estão a ser integradas nos protocolos de segurança bancária para verificar a identidade dos clientes e evitar fraudes.

- Análise do impacto da implementação da biometria na segurança das transacções, na experiência do utilizador e na prevenção da fraude em ambientes bancários.

4. Estudo de caso 3: Programas governamentais de identidade:

- Panorama das iniciativas governamentais para implementar a autenticação biométrica em programas de identidade nacional, como o Aadhaar na Índia ou o Real ID nos Estados Unidos.
- Exemplo de utilização de dados biométricos, como impressões digitais ou digitalizações faciais, para autenticar a identidade dos cidadãos e aceder aos serviços públicos de forma segura.
- Avaliação dos êxitos, desafios e controvérsias em torno dos programas de identidade biométrica conduzidos pelo governo e das suas implicações para a privacidade e as liberdades civis.

5. Estudo de caso 4: Segurança dos dados no sector da saúde:

- Exploração do papel da autenticação biométrica na proteção de dados sensíveis relativos aos cuidados de saúde e na garantia de um acesso seguro aos registos de saúde electrónicos (RSE) e à informação dos doentes.
- Exemplo de identificadores biométricos, como padrões das veias da palma da mão ou impressões vocais, utilizados para autenticar profissionais de saúde e doentes que acedem a registos médicos.
- Discussão do impacto da implementação da biometria na segurança dos dados de saúde, na conformidade com os requisitos regulamentares (por exemplo, HIPAA) e na privacidade dos doentes.

6. Conclusão:

O capítulo conclui resumindo as principais ideias e lições aprendidas com os estudos de caso, realçando as diversas aplicações e benefícios da autenticação biométrica no reforço dos protocolos de segurança em diferentes indústrias e sectores. Ao examinar exemplos reais de implementação biométrica, as organizações podem obter informações valiosas sobre as melhores práticas, desafios e oportunidades para aproveitar a tecnologia biométrica para reforçar as medidas de segurança e proteger eficazmente as informações sensíveis.

CAPÍTULO VII

CONSIDERAÇÕES ÉTICAS EM MATÉRIA DE IA E CIBERSEGURANÇA

7.1. DESAFIOS ÉTICOS NO DESENVOLVIMENTO E IMPLANTAÇÃO DA IA

1. Introdução aos desafios éticos da IA:

- Definição e significado: Uma introdução aos desafios éticos associados ao desenvolvimento e implantação da IA, salientando a importância crescente de abordar as considerações éticas na conceção e implementação de sistemas de IA.

- Contextualização de dilemas éticos: Explicação dos dilemas éticos únicos colocados pelas tecnologias de IA, incluindo questões de preconceito, privacidade, responsabilidade e impacto social.

2. Preconceito e equidade na IA:

- Enviesamento algorítmico: Análise dos enviesamentos que podem estar presentes nos algoritmos de IA, decorrentes de dados de formação enviesados, pressupostos incorrectos ou preconceitos humanos.

- Considerações sobre a equidade: Debate sobre a importância da equidade nos sistemas de IA, incluindo a necessidade de atenuar os enviesamentos e garantir resultados equitativos entre populações diversas.

3. Privacidade e proteção de dados:

- Preocupações com a privacidade dos dados: Exploração das implicações de privacidade associadas às tecnologias de IA, como a recolha, o armazenamento e a utilização de dados pessoais para formação e inferência.

- Conformidade regulamentar: Visão geral das leis e regulamentos de privacidade, como o Regulamento Geral sobre a Proteção de Dados (RGPD), e as suas implicações para o desenvolvimento e a implementação da IA.

4. Responsabilidade e transparência:

- Responsabilidade algorítmica: Análise dos desafios relacionados com a responsabilização dos sistemas de IA pelas suas decisões e acções, nomeadamente em caso de erros, enviesamentos ou consequências não intencionais.

- Medidas de transparência: Debate sobre a importância da transparência nos sistemas de IA, incluindo a necessidade de explicabilidade e auditabilidade para reforçar a confiança e a responsabilidade.

5. Impacto social e casos de utilização ética:

- Implicações socioeconómicas: Análise do impacto social mais vasto das tecnologias de IA, incluindo questões relacionadas com a deslocação de postos de trabalho, a desigualdade económica e o fosso digital.

- Casos de utilização ética: Exploração de aplicações éticas da IA, como o diagnóstico de cuidados de saúde, a monitorização ambiental e a ajuda humanitária, destacando exemplos positivos de inovação impulsionada pela IA para o bem social.

6. Quadros e directrizes éticas:

- Princípios éticos: Introdução a quadros e directrizes éticas para o desenvolvimento da IA, incluindo princípios como a equidade, a transparência, a responsabilidade e a conceção centrada no ser humano.

- Iniciativas do sector: Visão geral dos esforços liderados pela indústria para promover práticas éticas de IA, como a Iniciativa Global do IEEE sobre Ética dos Sistemas Autónomos e Inteligentes e a Parceria sobre IA.

7. Tomada de decisões éticas e redução de riscos:

- Processos de tomada de decisões éticas: Debate sobre estratégias para a integração de considerações éticas nos processos de desenvolvimento da IA, incluindo o envolvimento das partes interessadas, avaliações de impacto ético e colaboração interdisciplinar.

- Estratégias de atenuação dos riscos: Análise das abordagens de gestão do risco para enfrentar os desafios éticos na IA, incluindo a avaliação do risco, o planeamento da atenuação e a monitorização contínua.

8. Conclusão:

- O capítulo conclui salientando a importância da consideração ética proactiva no desenvolvimento e implementação da IA, destacando a necessidade de colaboração interdisciplinar, envolvimento das partes interessadas e diálogo permanente para enfrentar desafios éticos complexos e garantir a utilização responsável e ética das tecnologias de IA.

7.1.1. QUADROS ÉTICOS E ORIENTAÇÕES PARA A ÉTICA DA AVIAÇÃO CIVIL

Explora vários quadros e directrizes destinados a abordar considerações éticas no desenvolvimento e implementação de tecnologias de inteligência artificial (IA). Segue-se uma descrição dos principais aspectos abordados neste capítulo:

1. Introdução aos quadros e directrizes éticos:

- Definição e significado: Uma introdução aos quadros e directrizes éticos concebidos para orientar a tomada de decisões éticas no desenvolvimento e implantação da IA.
- Contextualização da necessidade: Explicação da importância crescente das considerações éticas na IA, salientando o potencial impacto das tecnologias de IA nos indivíduos, na sociedade e no ambiente.

2. Princípios e valores éticos:

- Visão geral dos princípios éticos: Análise dos princípios e valores éticos fundamentais relevantes para a IA, incluindo a justiça, a transparência, a responsabilidade, a privacidade, a autonomia e a beneficência.
- Alinhamento com os valores sociais: Debate sobre a importância de alinhar os sistemas de IA com os valores sociais e as normas éticas para garantir um comportamento e resultados éticos.

3. Quadros e directrizes éticas existentes:

- Utilitarismo: Explicação do quadro ético utilitarista, que dá prioridade à maximização da utilidade ou felicidade geral, e a sua aplicação à tomada de decisões de IA.
- Ética deontológica: Análise de teorias éticas deontológicas, como a ética kantiana, que enfatizam a adesão a regras ou deveres morais, e as suas implicações para a ética da IA.
- Ética das virtudes: Visão geral da ética das virtudes, que se centra no cultivo de traços de carácter virtuosos, como a honestidade e a compaixão, e a sua relevância para os programadores e profissionais de IA.
- Consequencialismo: Debate sobre teorias éticas consequencialistas, como o egoísmo ético e o altruísmo ético, e as suas implicações na avaliação das consequências das acções de IA.

4. Orientações e iniciativas lideradas pelo sector:

- Iniciativa Global do IEEE sobre Ética de Sistemas Autónomos e Inteligentes: Visão geral dos esforços do IEEE para desenvolver directrizes e normas éticas para os sistemas de IA, incluindo o quadro de Conceção Eticamente Alinhada.
- Parceria para a IA: Análise da Parceria para a IA, uma iniciativa multilateral centrada na promoção de práticas de IA responsáveis e na resolução de desafios éticos através da colaboração e da investigação.

5. Abordagens regulamentares e políticas:

- Regulamento Geral sobre a Proteção de Dados (RGPD): Discussão sobre o impacto do RGPD na ética da IA, em particular as suas disposições relacionadas com a proteção de dados, a privacidade e a transparência algorítmica.
- Estratégias nacionais de IA: Análise das iniciativas lideradas pelos governos para desenvolver estratégias e políticas nacionais de IA, incluindo considerações sobre o desenvolvimento e a implantação éticos da IA.

6. Processos de tomada de decisões éticas:

- Avaliações de impacto ético: Explicação das metodologias de avaliação do impacto ético utilizadas para avaliar as potenciais implicações éticas dos projectos de IA e informar a tomada de decisões.

- Envolvimento das partes interessadas: Debate sobre a importância de envolver diversas partes interessadas, incluindo eticistas, decisores políticos, tecnólogos e comunidades afectadas, nos processos de tomada de decisões éticas.

7. Conclusão:

- O capítulo conclui sublinhando a importância de incorporar enquadramentos e directrizes éticas nos processos de desenvolvimento e implementação da IA para garantir que as tecnologias de IA são desenvolvidas e utilizadas de forma responsável e alinhadas com os valores e normas da sociedade.

7.1.2. ABORDAR A QUESTÃO DOS PRECONCEITOS, DA EQUIDADE, DA TRANSPARÊNCIA E DA RESPONSABILIDADE NOS SISTEMAS DE AJUDA

O conteúdo detalhado explora estratégias e considerações para mitigar o enviesamento, promover a equidade, garantir a transparência e reforçar a responsabilidade no desenvolvimento e implementação de sistemas de inteligência artificial (IA). Segue-se uma descrição dos principais aspectos abordados neste capítulo:

1. Introdução ao preconceito, à equidade, à transparência e à responsabilidade:

- Definição e significado: Uma introdução aos conceitos de parcialidade, justiça, transparência e responsabilidade no contexto dos sistemas de IA, destacando a sua importância para garantir resultados éticos e equitativos.
- Contextualização dos desafios: Explicação dos potenciais riscos e implicações associados a sistemas de IA tendenciosos, opacos ou irresponsáveis, incluindo impactos negativos em indivíduos, grupos e na sociedade como um todo.

2. Compreender o enviesamento nos sistemas de IA:

- Tipos de enviesamento: Análise das diferentes formas de enviesamento que se podem manifestar nos sistemas de IA, incluindo enviesamento algorítmico, enviesamento de dados e enviesamento contextual.
- Fontes de enviesamento: Identificação de fontes comuns de enviesamento na IA, tais como dados de formação enviesados, algoritmos defeituosos e enviesamentos humanos codificados nos processos de tomada de decisão.

3. Promover a justiça e a equidade:

- Definições de equidade: Debate sobre diferentes definições e métricas de equidade na IA, incluindo paridade estatística, impacto díspar e paridade demográfica.
- Atenuação do enviesamento: Estratégias para atenuar o enviesamento e promover a equidade nos sistemas de IA, incluindo a auditoria algorítmica, a aprendizagem automática consciente da equidade e as intervenções de reforço da equidade.

4. Garantir a transparência e a explicabilidade:

- Princípios de transparência: Panorâmica dos princípios e práticas para melhorar a transparência e a explicabilidade dos sistemas de IA, tais como documentação de modelos, técnicas de interpretabilidade e transparência algorítmica.
- IA explicável (XAI): Introdução a abordagens e metodologias de IA explicáveis que permitem aos utilizadores compreender e interpretar os resultados do sistema de IA e os processos de tomada de decisões.

5. Reforçar a responsabilização e o controlo:

- Mecanismos de responsabilização: Análise dos mecanismos de promoção da responsabilização e supervisão no desenvolvimento e implantação da IA, incluindo quadros de governação modelo, normas de responsabilização e conformidade regulamentar.
- Práticas responsáveis de IA: Debate sobre a importância de adotar práticas de IA responsáveis, como o teste de modelos, a validação e a monitorização, para garantir que os sistemas de IA funcionam de forma ética e responsável.

6. Estudos de casos e exemplos:

- Exemplos do mundo real: Estudos de caso ilustrativos e exemplos de desafios de parcialidade, justiça, transparência e responsabilidade em sistemas de IA em vários domínios, como justiça criminal, contratação, cuidados de saúde e finanças.
- Lições aprendidas: Análise das lições aprendidas com experiências passadas e das melhores práticas para lidar com preconceitos, promover a equidade, garantir a transparência e reforçar a responsabilidade nos sistemas de IA.

7. Conclusão:

- O capítulo conclui enfatizando a importância de abordar proativamente o viés, promover a justiça, garantir a transparência e aumentar a responsabilidade durante todo o ciclo de vida do desenvolvimento da IA. Ao adotar estratégias e práticas robustas, as organizações podem mitigar os riscos, criar confiança e promover a inovação responsável e ética da IA para benefício da sociedade.

7.2. PRIVACIDADE E SEGURANÇA NA ERA DIGITAL

Os conceitos fundamentais, os desafios e as estratégias relacionados com a proteção da privacidade e da segurança no contexto das modernas tecnologias digitais. Segue-se uma descrição dos principais aspectos abordados neste capítulo:

1. Introdução à privacidade e à segurança:

- A introdução apresenta uma panorâmica da importância da privacidade e da segurança na era digital, destacando o seu papel na proteção dos indivíduos, das organizações e da sociedade contra várias ameaças e riscos.
- Descreve o panorama em evolução dos desafios em matéria de privacidade e segurança colocados pelos avanços tecnológicos, incluindo a proliferação de dados digitais e o aumento das ameaças à cibersegurança.

2. Compreender a privacidade:

- Esta secção explora o conceito de privacidade no contexto digital, abrangendo os direitos dos indivíduos a controlar a sua informação pessoal e a tomar decisões informadas sobre a sua recolha, utilização e divulgação.
- Discute diferentes dimensões da privacidade, incluindo a privacidade informativa, a privacidade do corpo e a privacidade espacial, e examina as implicações das violações da privacidade na autonomia e dignidade dos indivíduos.

3. Ameaças e riscos de cibersegurança:

- O capítulo analisa as várias ameaças e riscos de cibersegurança que os indivíduos, as organizações e os governos enfrentam na era digital, incluindo malware, ataques de phishing, violações de dados e ransomware.

- Discute o impacto das ciberameaças na confidencialidade, integridade e disponibilidade dos dados, bem como as consequências financeiras, de reputação e regulamentares das violações de segurança.

4. Mecanismos de proteção da privacidade:

- São exploradas estratégias de proteção da privacidade, incluindo minimização de dados, encriptação, controlos de acesso e técnicas de anonimização para limitar a recolha, utilização e divulgação de dados pessoais.
- O capítulo examina também os quadros regulamentares e as tecnologias de reforço da privacidade concebidas para salvaguardar os direitos de privacidade dos indivíduos e garantir o cumprimento das leis e regulamentos relativos à proteção de dados.

5. Medidas de cibersegurança e melhores práticas:

- São discutidas as melhores práticas para a cibersegurança, abrangendo a avaliação de riscos, a gestão de vulnerabilidades, o planeamento da resposta a incidentes e a formação dos funcionários para reforçar a resiliência das organizações contra as ciberameaças.
- Salienta a importância de adotar uma abordagem de segurança a vários níveis, incluindo a segurança da rede, a segurança dos terminais e a autenticação dos utilizadores, para reduzir o risco de ciberataques e de acesso não autorizado.

6. Leis e regulamentos sobre privacidade:

- O capítulo fornece uma visão geral das leis e regulamentos de privacidade, como o Regulamento Geral de Proteção de Dados (RGPD) e a Lei de Privacidade do Consumidor da Califórnia (CCPA), e as suas implicações para empresas e indivíduos.
- Aborda os princípios e requisitos definidos nestes quadros regulamentares, incluindo os direitos das pessoas em causa, os princípios de proteção de dados e as obrigações de notificação de violações.

7. Equilíbrio entre privacidade e segurança:

- O capítulo conclui salientando a importância de encontrar um equilíbrio entre considerações de privacidade e segurança, reconhecendo que a adoção de medidas eficazes de cibersegurança não deve ser feita à custa dos direitos de privacidade dos indivíduos.

- Salienta a necessidade de esforços de colaboração entre as partes interessadas, incluindo decisores políticos, líderes da indústria e consumidores, para desenvolver abordagens holísticas à privacidade e à segurança que defendam tanto as liberdades individuais como os interesses colectivos de segurança.

7.2.1. PREOCUPAÇÕES COM A PRIVACIDADE NOS SISTEMAS ORIENTADOS PARA A IA E REGULAMENTAÇÃO DA PRIVACIDADE DOS DADOS

A intersecção das tecnologias de inteligência artificial (IA) com as preocupações de privacidade e o panorama regulamentar que rege a privacidade dos dados. Segue-se uma descrição dos principais aspectos abordados nesta secção:

1. Implicações da IA na privacidade:

- Debate sobre a forma como os sistemas orientados para a IA recolhem, processam e analisam grandes quantidades de dados, suscitando preocupações sobre a potencial invasão da privacidade dos indivíduos.
- Exploração das formas como as aplicações de IA, como o reconhecimento facial, o processamento de linguagem natural e as recomendações personalizadas, podem violar os direitos de privacidade dos indivíduos, captando informações sensíveis e gerando conhecimentos sem consentimento explícito.

2. Regulamentos relativos à privacidade dos dados:

- Visão geral dos principais regulamentos e leis sobre privacidade de dados que visam proteger os direitos de privacidade dos indivíduos e regem a recolha, utilização e partilha de dados pessoais.
- Análise dos principais regulamentos de privacidade de dados, incluindo o Regulamento Geral sobre a Proteção de Dados (RGPD) na União Europeia, a Lei da Privacidade do Consumidor da Califórnia (CCPA) nos Estados Unidos e legislação semelhante noutras jurisdições.

3. Princípios da proteção de dados:

- Explicação dos princípios fundamentais da proteção de dados definidos nos regulamentos relativos à privacidade dos dados, tais como transparência, limitação da finalidade, minimização dos dados, exatidão, limitação do armazenamento, integridade e confidencialidade.

- Debate sobre a forma como estes princípios orientam as organizações no tratamento de dados pessoais de forma responsável e ética, garantindo que os direitos de privacidade das pessoas são respeitados ao longo do ciclo de vida dos dados.

4. Conformidade e responsabilidade:

- Análise dos requisitos para as organizações demonstrarem a conformidade com os regulamentos relativos à privacidade dos dados, incluindo a nomeação de responsáveis pela proteção de dados, a realização de avaliações do impacto da proteção de dados e a manutenção de registos das actividades de processamento de dados.

- Debate sobre a importância dos mecanismos de responsabilização, como os requisitos de notificação de violação de dados e a supervisão regulamentar, para responsabilizar as organizações por violações das leis relativas à privacidade dos dados.

5. Tecnologias de proteção da privacidade (PET):

- Introdução às tecnologias de reforço da privacidade (PET) concebidas para atenuar os riscos de privacidade em sistemas orientados para a IA, como a privacidade diferencial, a encriptação homomórfica, a aprendizagem federada e as técnicas de anonimização.

- Exploração do modo como as tecnologias de proteção da privacidade podem ajudar as organizações a proteger a privacidade das pessoas, aproveitando simultaneamente as vantagens das tecnologias de IA para a análise de dados e a tomada de decisões.

6. Considerações éticas:

- Consideração das implicações éticas dos sistemas orientados para a IA nos direitos de privacidade dos indivíduos, incluindo as preocupações com o enviesamento algorítmico, os resultados discriminatórios e a erosão da privacidade nos espaços públicos.

- Debate sobre a importância de incorporar princípios éticos, como a equidade, a transparência, a responsabilidade e o respeito pela privacidade, na conceção, desenvolvimento e implantação de tecnologias de IA para atenuar os riscos para a privacidade e garantir uma governação ética da IA.

7. Conclusão:

- A secção conclui sublinhando a necessidade de as organizações abordarem proactivamente as preocupações com a privacidade em sistemas orientados para a IA, aderindo a regulamentos de privacidade de dados, implementando tecnologias de reforço da privacidade e defendendo princípios éticos para salvaguardar os direitos de privacidade dos indivíduos na era digital.

7.2.2. EQUILÍBRIO ENTRE AS NECESSIDADES DE SEGURANÇA E OS DIREITOS E LIBERDADES INDIVIDUAIS NO CIBERESPAÇO

O capítulo explora a complexa interação entre os imperativos da cibersegurança e a proteção dos direitos e liberdades individuais no domínio digital. Segue-se uma descrição exaustiva dos principais aspectos abordados nesta secção:

1. Introdução ao Dilema:

- O capítulo começa por apresentar o dilema fundamental que se coloca no ciberespaço: a necessidade de garantir medidas robustas de cibersegurança e, ao mesmo tempo, salvaguardar os direitos e liberdades individuais.
- Destaca a natureza dinâmica deste equilíbrio, moldado pela evolução das ciberameaças, dos avanços tecnológicos, dos quadros jurídicos e das expectativas da sociedade.

2. Considerações éticas e jurídicas:

- Debate sobre os princípios éticos e jurídicos subjacentes ao equilíbrio entre as necessidades de segurança e os direitos e liberdades individuais.
- Análise de quadros éticos, como o utilitarismo, a deontologia e a ética das virtudes, e sua aplicação à tomada de decisões em matéria de cibersegurança.
- Panorâmica dos quadros jurídicos pertinentes, incluindo o direito internacional em matéria de direitos humanos, as constituições nacionais e a legislação relativa à cibersegurança, que fornecem orientações para estabelecer um equilíbrio entre a segurança e as liberdades civis.

3. Privacidade e proteção de dados:

- Exploração aprofundada da privacidade e da proteção de dados como direitos fundamentais no ciberespaço, essenciais para preservar a autonomia e a dignidade dos indivíduos.
- Análise das leis de proteção de dados, como o RGPD e a CCPA, que impõem obrigações às organizações para proteger os dados pessoais dos indivíduos e garantir o seu tratamento legal.

4. Vigilância e liberdades civis:

- Análise da tensão entre as medidas de vigilância estatal destinadas a reforçar a segurança nacional e a proteção das liberdades civis, como a privacidade, a liberdade de expressão e o direito a um processo justo.
- Estudos de casos e exemplos que ilustram o impacto das práticas de vigilância, incluindo programas governamentais de vigilância em massa e a utilização de tecnologias de vigilância por regimes autoritários, nos direitos e liberdades dos indivíduos.

5. Mecanismos de transparência e de responsabilização:

- Ênfase na importância dos mecanismos de transparência e responsabilização para garantir que as medidas de segurança no ciberespaço sejam proporcionadas, necessárias e sujeitas a um controlo democrático.
- Debate sobre o papel dos organismos de supervisão independentes, dos processos de revisão judicial e da proteção dos denunciantes na responsabilização das agências governamentais e das entidades privadas pelas suas práticas de cibersegurança.

6. Soluções tecnológicas e direitos humanos:

- Exploração de soluções tecnológicas, como a cifragem, a anonimização e as tecnologias de proteção da privacidade, como forma de reforçar a cibersegurança, respeitando simultaneamente os direitos dos indivíduos à privacidade e à liberdade de expressão.
- Consideração das implicações éticas das tecnologias emergentes, como os sistemas de vigilância baseados em IA e as ferramentas de autenticação biométrica, para os direitos humanos e as liberdades civis.

7. Conclusão:

- O capítulo conclui sublinhando a importância de adotar uma abordagem holística e baseada em direitos da cibersegurança que dê prioridade tanto aos imperativos de segurança como aos direitos e liberdades individuais.
- Apela à colaboração de várias partes interessadas entre governos, organizações da sociedade civil, empresas tecnológicas e universidades para desenvolver políticas e práticas de cibersegurança éticas, transparentes e responsáveis que defendam os valores democráticos e os princípios dos direitos humanos no ciberespaço.

CAPÍTULO VIII

ESTUDOS DE CASOS E APLICAÇÕES PRÁTICAS

O capítulo aborda exemplos e cenários do mundo real para ilustrar os conceitos, desafios e soluções discutidos no contexto da cibersegurança, da inteligência artificial (IA), da aprendizagem automática (ML) e da sua intersecção com os direitos e liberdades individuais. Segue-se uma análise pormenorizada do conteúdo:

1. Introdução aos estudos de caso:

- A secção começa por apresentar uma panorâmica do objetivo e da importância dos estudos de casos para a compreensão da cibersegurança, da IA, do ML e das suas implicações para os direitos e liberdades individuais.
- Destaca a forma como os estudos de caso oferecem informações valiosas sobre as aplicações práticas, as complexidades e os dilemas éticos encontrados em cenários reais de cibersegurança.

2. Estudo de caso 1: Violação de dados e violação da privacidade:

- Análise de um incidente de violação de dados de alto perfil envolvendo uma grande empresa ou agência governamental, detalhando a natureza da violação, a extensão da exposição dos dados e o impacto nos direitos de privacidade dos indivíduos.
- Análise dos factores que contribuíram para a violação, incluindo vulnerabilidades nas defesas de cibersegurança, medidas inadequadas de proteção de dados ou ameaças maliciosas internas.
- Discussão sobre as implicações legais e éticas da violação de dados, incluindo multas regulamentares, danos à reputação e acções judiciais colectivas, bem como o papel das partes interessadas na resolução das consequências e na prevenção de futuras violações.

3. Estudo de caso 2: Sistemas de vigilância alimentados por IA:

- Exploração da implantação de tecnologias de vigilância baseadas em IA por agências governamentais ou entidades privadas para fins de segurança pública, tais como sistemas de reconhecimento facial, algoritmos de policiamento preditivo ou ferramentas de monitorização de redes sociais.

- Análise das preocupações éticas e das implicações para os direitos humanos associadas à vigilância baseada na IA, incluindo potenciais preconceitos, violações da privacidade e efeitos inibidores da liberdade de expressão e de reunião.
- Análise dos quadros jurídicos e das respostas regulamentares à vigilância baseada na IA, incluindo proibições, moratórias ou orientações para uma utilização responsável, bem como debates públicos e ativismo da sociedade civil sobre questões de vigilância.

4. Estudo de caso 3: Deteção e resposta a ameaças com base em ML:

- Ilustração de como os algoritmos de aprendizagem automática são utilizados nas operações de cibersegurança para deteção de ameaças, resposta a incidentes e análise de malware.
- Descrição de um cenário de aplicação prática em que os modelos de ML analisam padrões de tráfego de rede, identificam comportamentos anómalos e dão prioridade a alertas para serem investigados por analistas de segurança.
- Discussão sobre as vantagens e limitações dos sistemas de deteção de ameaças baseados em ML, incluindo os desafios dos falsos positivos, ataques adversários e a necessidade de supervisão e intervenção humana.

5. Estudo de caso 4: Dilemas éticos na tomada de decisões em matéria de cibersegurança:

- Exploração de um dilema ético complexo enfrentado por profissionais ou decisores políticos no domínio da cibersegurança, como o compromisso entre segurança e privacidade, a divulgação de vulnerabilidades ou a utilização de operações cibernéticas ofensivas.
- Análise dos interesses, valores e partes interessadas em conflito no processo de tomada de decisão, bem como das potenciais consequências e implicações a longo prazo das diferentes linhas de ação.
- Reflexão sobre as lições aprendidas com o estudo de caso, incluindo a importância do raciocínio ético, do envolvimento das partes interessadas e da transparência para enfrentar os desafios da cibersegurança, defendendo simultaneamente os direitos e liberdades individuais.

6. Conclusão e lições aprendidas:

- A secção conclui resumindo as principais ideias e lições aprendidas com os estudos de caso, salientando as complexidades e nuances da cibersegurança, da IA, do ML e da sua intersecção com os direitos e liberdades individuais.
- Sublinha a necessidade de uma abordagem multidisciplinar da cibersegurança que integre conhecimentos técnicos especializados com considerações éticas, quadros jurídicos e princípios de direitos humanos para garantir um ambiente digital seguro, inclusivo e respeitador dos direitos de todos.

8.1. IMPLEMENTAÇÕES NO MUNDO REAL DE SOLUÇÕES DE IA, ML E CIBERSEGURANÇA

1. Introdução às implementações no mundo real:

- A secção começa com uma panorâmica da crescente adoção de tecnologias de IA e ML nas operações de cibersegurança, impulsionada pela crescente complexidade e volume das ciberameaças.
- Destaca o papel da IA e do ML no aumento das abordagens tradicionais de cibersegurança, permitindo a deteção proactiva de ameaças, a resposta automatizada a incidentes e mecanismos de defesa adaptativos.

2. Estudo de caso 1: Plataformas de informação sobre ameaças baseadas em IA:

- Exame de uma implementação no mundo real em que as plataformas de inteligência contra ameaças alimentadas por IA são utilizadas para recolher, analisar e correlacionar grandes quantidades de dados de segurança de diversas fontes para identificar ameaças e vulnerabilidades emergentes.
- Descrição do modo como os algoritmos de aprendizagem automática são utilizados para detetar padrões, anomalias e indicadores de comprometimento (IOC) no tráfego de rede, registos e dados de telemetria de pontos terminais.
- Análise dos benefícios da inteligência contra ameaças baseada em IA, incluindo maior visibilidade das ameaças, tempos de resposta mais rápidos a incidentes e melhores capacidades de tomada de decisões para analistas de cibersegurança e responsáveis pela resposta a incidentes.

3. Estudo de caso 2: Sistemas de deteção de intrusão (IDS) baseados em ML:

- Ilustração do modo como as técnicas de aprendizagem automática são integradas nos sistemas de deteção de intrusões (IDS) para identificar e atenuar as intrusões na rede, as infecções por malware e as ameaças internas.

- Descrição dos algoritmos de ML treinados em conjuntos de dados rotulados de tráfego de rede normal e malicioso para detetar desvios do comportamento de base e acionar alertas para actividades suspeitas.

- Debate sobre os desafios dos IDS baseados em ML, tais como falsos positivos, técnicas de evasão e a necessidade de formação contínua de modelos e de adaptação à evolução das ameaças.

4. Estudo de caso 3: Orquestração, automatização e resposta de segurança orientada para a IA (SOAR):

- Exploração de implementações do mundo real em que as plataformas de orquestração, automação e resposta de segurança (SOAR) orientadas por IA são implementadas para simplificar os fluxos de trabalho de resposta a incidentes, automatizar tarefas repetitivas e orquestrar controlos de segurança em ambientes heterogéneos.

- Descrição da forma como os algoritmos de IA são utilizados para dar prioridade aos alertas de segurança, enriquecer os dados de incidentes com informações sobre ameaças e executar acções de resposta, como o bloqueio de endereços IP maliciosos ou a colocação em quarentena de terminais infectados.

- Análise dos benefícios operacionais do SOAR orientado para a IA, incluindo a redução do tempo médio de deteção (MTTD) e de resposta (MTTR), o aumento da escalabilidade e a melhoria da colaboração entre as equipas de segurança.

5. Estudo de caso 4: Soluções de segurança de pontos finais activadas por ML:

- Ilustração de como os modelos de aprendizagem automática são integrados em soluções de segurança de pontos finais, como software antivírus, plataformas de deteção e resposta de pontos finais (EDR) e sistemas de proteção de pontos finais da próxima geração (NGEP).

- Descrição dos algoritmos de ML treinados em análise comportamental, reputação de ficheiros e inteligência de ameaças para detetar e bloquear malware, ransomware e ataques sem ficheiros dirigidos a terminais.

- Discussão sobre as vantagens da segurança de pontos finais activada por ML, incluindo taxas de deteção melhoradas, falsos positivos reduzidos e defesas adaptativas contra ameaças de dia zero e malware polimórfico.

6. Conclusão e direcções futuras:

- A secção conclui resumindo as principais ideias e lições aprendidas com os estudos de caso, salientando o impacto transformador das tecnologias de IA e ML nas operações de cibersegurança.
- Discute as direcções futuras e as tendências emergentes na cibersegurança impulsionada pela IA, tais como a convergência da IA com a caça às ameaças, as tecnologias de engano e a criptografia de segurança quântica, bem como a importância das considerações éticas, da transparência e da supervisão humana no desenvolvimento e na implantação de soluções de segurança impulsionadas pela IA.

8.1.1. ESTUDOS DE CASOS QUE DESTACAM A INTEGRAÇÃO E A IMPLANTAÇÃO BEM-SUCEDIDAS DE SOLUÇÕES DE SEGURANÇA ORIENTADAS PARA A IA

Analisa exemplos e cenários do mundo real em que as tecnologias de inteligência artificial (IA) foram efetivamente integradas nas operações de cibersegurança para melhorar a deteção de ameaças, a resposta a incidentes e a postura geral de segurança. Eis uma descrição pormenorizada do conteúdo:

1. Introdução aos estudos de caso:

- A secção começa por salientar a importância dos exemplos práticos e dos estudos de caso para demonstrar a implementação e a implantação bem sucedidas de soluções de segurança baseadas em IA.
- Destaca o valor das experiências do mundo real para ilustrar as capacidades, os benefícios e os desafios associados às tecnologias de cibersegurança baseadas em IA.

2. Estudo de caso 1: Plataforma de deteção e resposta a ameaças baseada em IA:

- Análise de um estudo de caso em que uma organização implementa uma plataforma de deteção e resposta a ameaças baseada em IA para melhorar a sua postura de cibersegurança.

- Descrição da forma como os algoritmos de aprendizagem automática são utilizados para analisar o tráfego de rede, a telemetria de pontos finais e os registos de eventos de segurança em tempo real para identificar e atenuar as ameaças à segurança.
- Análise do impacto da plataforma orientada para a IA na redução do cansaço dos alertas, na melhoria da precisão da deteção de ameaças e na aceleração dos tempos de resposta a incidentes.

3. Estudo de caso 2: Sistema de deteção e prevenção de malware baseado em ML:

- Ilustração de um estudo de caso em que uma empresa implementa um sistema de deteção e prevenção de malware baseado na aprendizagem automática para se defender contra ciberameaças avançadas.
- Descrição de como os algoritmos de ML são treinados em grandes conjuntos de dados de amostras de malware para identificar comportamentos maliciosos, assinaturas e indicadores de comprometimento (IOCs).
- Discussão sobre a eficácia do sistema baseado em ML na deteção e bloqueio de variantes de malware previamente desconhecidas, explorações de dia zero e ameaças polimórficas.

4. Estudo de caso 3: Plataforma de análise de segurança baseada em IA:

- Exploração de um estudo de caso em que uma empresa adopta uma plataforma de análise de segurança baseada em IA para obter informações accionáveis sobre a sua postura de segurança e mitigar os riscos cibernéticos.
- Descrição da forma como os algoritmos de IA analisam os dados de telemetria de segurança de várias fontes, incluindo registos, eventos e comportamento do utilizador, para detetar actividades anómalas e potenciais ameaças.
- Análise do valor comercial gerado pela plataforma de análise orientada por IA, como a melhoria da visibilidade, a priorização de riscos e a adesão à conformidade.

5. Estudo de caso 4: Sistema de deteção de fraudes baseado em IA:

- Ilustração de um estudo de caso em que uma instituição financeira implementa um sistema de deteção de fraudes alimentado por IA para combater transacções fraudulentas e tentativas de acesso não autorizado.

- Descrição da forma como os modelos de IA utilizam a análise comportamental, a deteção de anomalias e os algoritmos preditivos para identificar padrões suspeitos e comportamentos fraudulentos em tempo real.
- Discussão sobre o impacto do sistema alimentado por IA na redução das perdas financeiras, minimizando os falsos positivos e aumentando a confiança e a satisfação do cliente.

6. Conclusão e lições aprendidas:

- A secção conclui com um resumo das principais ideias e lições aprendidas com os estudos de caso, salientando o potencial transformador das soluções de segurança baseadas em IA para fazer face à evolução das ciberameaças.
- Sublinha a importância da inovação contínua, da colaboração e do investimento em tecnologias de IA para se manter à frente dos adversários e proteger os activos digitais num cenário de ameaças cada vez mais complexo e dinâmico.

8.1.2. LIÇÕES APRENDIDAS E MELHORES PRÁTICAS DE EXEMPLOS DA INDÚSTRIA

O capítulo analisa os insights obtidos e as estratégias adotadas por organizações que implementaram com sucesso soluções de segurança baseadas em IA. Aqui está uma análise detalhada do conteúdo:

1. Introdução às lições aprendidas:

- A secção começa por sublinhar a importância de destilar conhecimentos práticos e melhores práticas a partir de exemplos reais da indústria no domínio da cibersegurança orientada para a IA.
- Destaca o valor de aprender com os sucessos e os desafios encontrados pelas organizações na implantação de soluções de segurança baseadas em IA.

2. Estudo de caso 1: Caça proactiva a ameaças e recolha de informações:

- Análise de exemplos da indústria em que as organizações dão prioridade à caça proactiva de ameaças e à recolha de informações como parte da sua estratégia de cibersegurança.
- Descrição da forma como as tecnologias de IA são utilizadas para analisar grandes quantidades de dados de informações sobre ameaças, incluindo

indicadores de comprometimento (IOC), assinaturas de malware e padrões de ataque, para identificar ameaças e vulnerabilidades emergentes.

- Análise dos benefícios da caça proactiva às ameaças, incluindo a deteção precoce de ameaças, a melhoria das capacidades de resposta a incidentes e uma maior resiliência contra ciberataques.

3. Estudo de caso 2: Defesa adaptativa e automatização da resposta a incidentes:

- Ilustração de exemplos do sector em que as organizações adoptam estratégias de defesa adaptativas e automatizam os processos de resposta a incidentes utilizando tecnologias orientadas para a IA.
- Descrição de como os algoritmos de aprendizagem automática aprendem e se adaptam continuamente à evolução das ameaças, permitindo às organizações detetar, conter e remediar incidentes de segurança em tempo real.
- Discussão sobre as eficiências operacionais obtidas através da automatização da resposta a incidentes, como a redução do tempo médio de deteção (MTTD) e do tempo médio de resposta (MTTR), bem como a atenuação dos erros humanos e da fadiga.

4. Estudo de caso 3: Gestão de riscos baseada em dados e garantia de conformidade:

- Exploração de exemplos da indústria em que as organizações aproveitam a análise orientada por IA e as abordagens de gestão de riscos orientadas por dados para avaliar, priorizar e mitigar os riscos cibernéticos.
- Descrição da forma como os algoritmos de IA analisam dados de telemetria de segurança, relatórios de conformidade e requisitos regulamentares para identificar lacunas, avaliar vulnerabilidades e dar prioridade aos esforços de correção.
- Análise dos benefícios da gestão de riscos baseada em dados, incluindo a melhoria da tomada de decisões, a otimização de recursos e o alinhamento com os quadros de conformidade regulamentar.

5. Estudo de caso 4: Partilha colaborativa de informações sobre ameaças e defesa colectiva:

- Ilustração de exemplos da indústria em que as organizações participam em iniciativas colaborativas de partilha de informações sobre ameaças e adoptam uma abordagem de defesa colectiva à cibersegurança.

- Descrição da forma como as tecnologias de IA facilitam a partilha de informações sobre ameaças, indicadores de comprometimento (IOC) e conhecimentos accionáveis entre pares da indústria, Centros de Análise e Partilha de Informações (ISAC) de sectores específicos e agências governamentais.

- Debate sobre as vantagens da defesa colectiva, incluindo um melhor conhecimento da situação, uma resposta coordenada a incidentes e uma maior resistência contra ciberameaças sofisticadas.

6. Conclusão e principais conclusões:

- A secção conclui resumindo as principais lições aprendidas e as melhores práticas identificadas a partir dos exemplos da indústria, salientando a importância de abordagens proactivas, adaptativas e colaborativas para a cibersegurança orientada para a IA.

- Sublinha a necessidade de as organizações inovarem continuamente, investirem em talento e tecnologia e darem prioridade à cibersegurança como um imperativo estratégico para se defenderem eficazmente contra a evolução das ciberameaças e salvaguardarem os activos digitais na era digital.

8.2. DESAFIOS E SOLUÇÕES NO DOMÍNIO DA SEGURANÇA DIGITAL

Na secção dedicada aos "Desafios e soluções em matéria de segurança digital", o capítulo analisa as complexidades e a evolução do panorama da cibersegurança, destacando os principais desafios enfrentados pelas organizações e pelos indivíduos na proteção dos activos e dados digitais. Explora também soluções e estratégias inovadoras para enfrentar eficazmente estes desafios. Segue-se uma análise pormenorizada do conteúdo:

1. Introdução aos desafios da segurança digital:

- A secção começa por apresentar uma panorâmica do cenário de ameaças em rápida evolução e da proliferação de ciberataques dirigidos a indivíduos, organizações e infra-estruturas críticas.

- Destaca a natureza multifacetada dos desafios da cibersegurança, incluindo a sofisticação das ciberameaças, a expansão da superfície de ataque e a escassez de profissionais qualificados em matéria de cibersegurança.

2. Cenário de ameaças emergentes:

- Análise das últimas tendências e desenvolvimentos no panorama das ciberameaças, incluindo ataques de ransomware, vulnerabilidades da cadeia de fornecimento, ciberespionagem patrocinada por estados-nação e o aumento das ameaças internas.
- Análise do impacto das tecnologias emergentes, como a computação em nuvem, a Internet das Coisas (IoT) e a inteligência artificial (IA), na expansão da superfície de ataque e na criação de novos riscos de segurança.

3. Desafios comuns em matéria de cibersegurança:

- Identificação e exploração de desafios comuns de cibersegurança enfrentados por organizações e indivíduos, tais como violações de dados, roubo de identidade, esquemas de phishing, infecções por malware e ataques de negação de serviço (DoS).
- Discussão sobre as consequências financeiras, de reputação e regulamentares dos incidentes de cibersegurança, incluindo responsabilidades legais, multas regulamentares e danos à reputação da marca.

4. Factores humanos e ameaças internas:

- Análise do papel dos factores humanos, incluindo o erro humano, a negligência e as ameaças maliciosas internas, na contribuição para as violações da cibersegurança e as fugas de dados.
- Análise da importância da formação de sensibilização para a cibersegurança, da educação dos utilizadores e da monitorização do comportamento na mitigação das ameaças internas e na promoção de uma cultura de segurança nas organizações.

5. Conformidade regulamentar e privacidade dos dados:

- Exploração do panorama regulamentar que rege a privacidade dos dados e a cibersegurança, incluindo regulamentos internacionais como o Regulamento Geral sobre a Proteção de Dados (RGPD) e a Lei da Privacidade do Consumidor da Califórnia (CCPA).

- Descrição dos desafios que as organizações enfrentam para alcançar a conformidade com requisitos regulamentares complexos e em evolução e as potenciais consequências da não conformidade.

6. Soluções e melhores práticas:

- Introdução a soluções inovadoras e melhores práticas para enfrentar os desafios da cibersegurança, incluindo a adoção de quadros de segurança abrangentes, como o Quadro de Cibersegurança do Instituto Nacional de Normas e Tecnologia (NIST) e os Controlos do Centro para a Segurança da Internet (CIS).
- Descrição das medidas pró-activas, como a avaliação dos riscos, a gestão das vulnerabilidades, a partilha de informações sobre ameaças e a formação em matéria de sensibilização para a segurança, para reforçar a resiliência contra as ciberameaças.

7. Conclusão e direcções futuras:

- A secção conclui resumindo as principais conclusões e salientando a importância de uma abordagem holística à cibersegurança que integre tecnologia, pessoas, processos e governação.
- Sublinha a necessidade de colaboração, inovação e investimento contínuos na cibersegurança para nos mantermos à frente das ameaças em evolução e protegermos os activos e dados digitais num mundo cada vez mais interligado e digitalizado.

8.2.1. DESAFIOS PRÁTICOS ENFRENTADOS PELAS ORGANIZAÇÕES NA SEGURANÇA DOS ACTIVOS E INFRA-ESTRUTURAS DIGITAIS

No atual cenário digital interligado, as organizações deparam-se com inúmeros desafios práticos quando se trata de proteger os seus activos e infra-estruturas digitais contra ciberameaças. Estes desafios podem variar muito, dependendo de factores como a dimensão da organização, o sector, a complexidade tecnológica e o ambiente regulamentar. Aqui está uma exploração elaborada dos desafios práticos enfrentados pelas organizações na proteção dos seus activos e infra-estruturas digitais:

1. Complexidade dos ambientes informáticos:

- As organizações operam frequentemente em ambientes de TI complexos, caracterizados por implementações de nuvens híbridas, ecossistemas de vários fornecedores e diversas arquitecturas de rede.

- A gestão da segurança em ambientes tão heterogéneos coloca desafios na manutenção da visibilidade, controlo e consistência. Torna-se difícil monitorizar e proteger eficazmente todos os terminais e pontos de acesso aos dados.

2. Falta de sensibilização e formação em matéria de segurança:

- Um dos principais desafios é a falta de sensibilização e formação em cibersegurança entre os funcionários, contratantes e fornecedores terceiros.

- Sem uma formação adequada, os funcionários podem, inadvertidamente, ser vítimas de ataques de phishing, tácticas de engenharia social ou outras ciberameaças, comprometendo a postura de segurança da organização.

3. Restrições de recursos e limitações orçamentais:

- Muitas organizações, particularmente as pequenas e médias empresas (PME) e as organizações sem fins lucrativos, enfrentam restrições de recursos e limitações orçamentais.

- Os recursos limitados podem dificultar os investimentos em medidas sólidas de cibersegurança, deixando as organizações vulneráveis a ciberataques devido à insuficiência de ferramentas, pessoal ou conhecimentos especializados.

4. Evolução do cenário de ameaças e vulnerabilidades de dia zero:

- O cenário de ameaças em constante evolução coloca as organizações perante o desafio de se manterem a par das ciberameaças e vulnerabilidades emergentes.

- As vulnerabilidades de dia zero, que são desconhecidas do fornecedor e não têm correção disponível, representam um risco significativo, uma vez que os atacantes podem explorá-las antes de ser desenvolvida uma correção, deixando as organizações vulneráveis à exploração.

5. Conformidade regulamentar e requisitos de privacidade dos dados:

- Conseguir a conformidade regulamentar e cumprir os requisitos de privacidade dos dados é um desafio significativo, especialmente em sectores altamente regulamentados, como os cuidados de saúde, as finanças e a administração pública.

- As organizações têm de navegar em quadros regulamentares complexos, como o RGPD, HIPAA, PCI DSS, etc., e garantir a conformidade com as leis de proteção de dados em evolução, que muitas vezes implicam requisitos rigorosos de tratamento e comunicação de dados.

6. Ameaças internas e negligência dos empregados:

- As ameaças internas, intencionais ou não, representam um risco significativo para as organizações. Os infiltrados maliciosos podem abusar dos seus privilégios para roubar dados ou sabotar sistemas, enquanto os funcionários negligentes podem comprometer inadvertidamente a segurança através de acções descuidadas.
- A atenuação das ameaças internas requer uma combinação de controlos técnicos, tais como controlos de acesso e monitorização, bem como programas contínuos de educação e sensibilização dos funcionários.

7. Riscos da cadeia de abastecimento:

- As organizações estão cada vez mais dependentes de vendedores e fornecedores terceiros para vários serviços e produtos, o que introduz riscos na cadeia de abastecimento.
- Os agentes maliciosos podem explorar vulnerabilidades na cadeia de abastecimento para obter acesso não autorizado à rede de uma organização ou comprometer a integridade dos produtos ou serviços fornecidos.

8. Falta de talentos e de conhecimentos especializados em matéria de cibersegurança:

- Há uma escassez global de talentos e conhecimentos especializados em cibersegurança, o que torna difícil para as organizações recrutar e reter profissionais qualificados em cibersegurança.
- A escassez de talentos limita a capacidade das organizações para implementar e manter medidas sólidas de cibersegurança e responder eficazmente a incidentes informáticos.

A resposta a estes desafios práticos exige uma abordagem holística à cibersegurança, que englobe tecnologia, processos e pessoas. As organizações devem investir na formação de sensibilização para a cibersegurança, adotar abordagens baseadas no risco para dar prioridade às iniciativas de segurança, aproveitar a automatização e as tecnologias avançadas para a deteção e resposta a ameaças e colaborar com os seus pares da indústria e especialistas em cibersegurança para partilhar informações sobre ameaças e melhores práticas. Além disso, a conformidade regulamentar deve ser encarada não apenas como uma obrigação legal, mas como uma oportunidade para reforçar as práticas de segurança e criar confiança junto das partes interessadas.

8.2.2. SOLUÇÕES E ESTRATÉGIAS INOVADORAS PARA ULTRAPASSAR AS AMEAÇAS E OS RISCOS DE SEGURANÇA

As soluções e estratégias inovadoras são cruciais para as organizações ultrapassarem eficazmente as ameaças e os riscos de segurança no atual panorama cibernético em constante evolução. Segue-se uma exploração pormenorizada e elaborada de abordagens inovadoras para lidar com ameaças e riscos de segurança:

1. Informações sobre ameaças e análise preditiva:

- As organizações podem tirar partido das plataformas de informações sobre ameaças e da análise preditiva para identificar e atenuar proactivamente as ameaças emergentes.
- Ao agregar e analisar grandes quantidades de dados sobre ameaças provenientes de várias fontes, incluindo informações de fonte aberta, monitorização da dark web e feeds específicos do sector, as organizações podem obter informações accionáveis sobre potenciais ameaças e vulnerabilidades.

2. Inteligência artificial e aprendizagem automática:

- As tecnologias de IA e de aprendizagem automática desempenham um papel fundamental no reforço da segurança, permitindo às organizações automatizar a deteção de ameaças, analisar grandes conjuntos de dados para detetar comportamentos anómalos e responder a ciberincidentes em tempo real.
- Os algoritmos de aprendizagem automática podem identificar padrões e tendências indicativos de atividade maliciosa, permitindo às organizações

detetar e mitigar ameaças de forma mais eficaz do que as abordagens tradicionais baseadas em assinaturas.

3. Arquitetura de confiança zero:

- A Arquitetura de Confiança Zero (ZTA) adopta uma abordagem à segurança do tipo "nunca confiar, verificar sempre", assumindo que as ameaças existem tanto dentro como fora da rede.
- Ao implementar controlos de acesso rigorosos, autenticação contínua e micro-segmentação, as organizações podem minimizar a superfície de ataque e atenuar o impacto de violações ou ameaças internas.

4. DevSecOps e práticas de desenvolvimento seguro:

- O DevSecOps integra a segurança no ciclo de vida de desenvolvimento de software (SDLC), garantindo que as considerações de segurança são abordadas desde o início.
- Ao incorporar controlos de segurança, testes automatizados e análise de vulnerabilidades no processo de desenvolvimento, as organizações podem identificar e corrigir falhas de segurança numa fase precoce, reduzindo o risco de implementação de aplicações ou infra-estruturas vulneráveis.

5. Segurança na nuvem e contentorização:

- Com a adoção generalizada da computação em nuvem e das tecnologias de contentorização, as organizações devem dar prioridade à segurança da nuvem e implementar controlos robustos para proteger os dados e as cargas de trabalho.
- As soluções de segurança nativas da nuvem, como os corretores de segurança de acesso à nuvem (CASBs) e as plataformas de proteção de carga de trabalho (WPPs), ajudam as organizações a proteger ambientes de nuvem, impor a criptografia de dados e monitorar o acesso não autorizado ou as alterações de configuração.

6. Resposta a incidentes e ciber-resiliência:

- O reforço da ciber-resiliência implica a preparação, a resposta e a recuperação eficaz de ciberincidentes.
- As organizações podem melhorar as suas capacidades de resposta a incidentes através da implementação de planos de resposta a incidentes, da realização regular de exercícios de mesa e de parcerias com fornecedores de serviços de segurança geridos (MSSP) para a deteção e resposta a incidentes.

7. Análise do comportamento do utilizador e deteção de ameaças internas:

- As soluções de análise do comportamento do utilizador (UBA) analisam a atividade do utilizador e os padrões de comportamento para identificar comportamentos anómalos ou suspeitos indicativos de ameaças internas.
- Ao monitorizar a atividade dos utilizadores em vários terminais e aplicações, as organizações podem detetar e responder a ameaças internas antes que estas se transformem em incidentes de segurança.

8. Caça às ameaças e Red Teaming:

- A caça às ameaças envolve a procura proactiva de sinais de comprometimento no ambiente de uma organização, utilizando uma combinação de técnicas manuais e automatizadas.
- Os exercícios de equipa vermelha simulam ataques cibernéticos reais para avaliar a postura de segurança de uma organização e identificar vulnerabilidades que podem ser exploradas pelos adversários.

9. Tecnologia Blockchain para uma segurança imutável:

- A tecnologia Blockchain oferece segurança imutável, fornecendo um registo de transacções descentralizado e à prova de adulteração.
- As organizações podem aproveitar a blockchain para armazenamento seguro de dados, gestão de identidade, integridade da cadeia de fornecimento e execução de contratos inteligentes, reduzindo o risco de adulteração de dados ou acesso não autorizado.

10. Seguro cibernético e transferência de riscos:

- O seguro cibernético pode servir como uma valiosa ferramenta de gestão de riscos, proporcionando proteção financeira contra os custos associados a incidentes cibernéticos, incluindo violações de dados, interrupção de negócios e multas regulamentares.

- Ao transferir parte do risco financeiro para as seguradoras, as organizações podem atenuar o potencial impacto dos ataques informáticos nas suas operações e finanças.

11. Monitorização contínua da segurança e caça às ameaças:

- A monitorização contínua da segurança envolve a monitorização em tempo real do tráfego de rede, dos registos do sistema e da atividade dos utilizadores para detetar e responder prontamente a incidentes de segurança.
- A caça às ameaças complementa a monitorização contínua, procurando proactivamente sinais de comprometimento e ameaças emergentes no ambiente de uma organização.

A incorporação destas soluções e estratégias inovadoras na sua postura de cibersegurança permite que as organizações se mantenham à frente das ameaças em evolução, mitiguem os riscos de forma eficaz e protejam os seus activos e infra-estruturas digitais num cenário de ameaças cada vez mais complexo e dinâmico.

CAPÍTULO IX

TENDÊNCIAS E INOVAÇÕES FUTURAS

Antecipar as tendências e inovações futuras é crucial para que as organizações se mantenham à frente no cenário em constante evolução da cibersegurança. Aqui está uma exploração detalhada das potenciais tendências e inovações futuras na cibersegurança:

1. Criptografia de segurança quântica:

- Com o advento da computação quântica, os algoritmos criptográficos tradicionais podem tornar-se vulneráveis a ataques quânticos.

- As futuras inovações na criptografia quântica segura visam desenvolver métodos de encriptação que possam resistir a ataques quânticos, garantindo a segurança de dados sensíveis na era da computação quântica.

2. Caça e resposta a ameaças com base em IA:

- A inteligência artificial e a aprendizagem automática continuarão a desempenhar um papel fundamental na cibersegurança, nomeadamente na deteção e resposta a ameaças.

- As inovações futuras podem incluir plataformas autónomas de caça a ameaças impulsionadas por IA que podem identificar e neutralizar ciberameaças sofisticadas em tempo real, minimizando o impacto dos ataques nas organizações.

3. Automatização e orquestração da cibersegurança:

- As tecnologias de automatização e orquestração tornar-se-ão cada vez mais prevalecentes nas operações de cibersegurança, simplificando tarefas repetitivas e melhorando os tempos de resposta a incidentes.

- As inovações futuras podem incluir sistemas de segurança auto-regenerativos que podem corrigir automaticamente as vulnerabilidades e responder a incidentes de segurança sem intervenção humana.

4. Quadro de segurança de confiança zero:

- O modelo de segurança Zero Trust ganhará proeminência à medida que as organizações mudam para uma abordagem de segurança sem perímetro.
- As inovações futuras podem envolver a integração de princípios de confiança zero em arquitecturas de rede, soluções de gestão da identidade e do acesso (IAM) e estratégias de segurança na nuvem, reforçando a resiliência global contra as ciberameaças.

5. Serviço de acesso seguro no extremo (SASE):

- O Secure Access Service Edge (SASE) combina funções de segurança de rede com recursos de WAN para fornecer segurança abrangente para ambientes distribuídos.
- As futuras inovações no SASE podem incluir a integração da deteção de ameaças orientada por IA, acesso à rede de confiança zero (ZTNA) e controlos de segurança nativos da nuvem para proteger os activos digitais e os utilizadores das organizações a partir de qualquer lugar, a qualquer momento.

6. Biometria comportamental e autenticação contínua:

- A biometria comportamental e os métodos de autenticação contínua tornar-se-ão cada vez mais importantes para proteger as identidades digitais e impedir o acesso não autorizado.
- As inovações futuras podem incluir a adoção de métodos de autenticação biométrica, como o reconhecimento da voz, a análise da marcha e a dinâmica das teclas, proporcionando experiências de autenticação seguras e sem descontinuidades aos utilizadores.

7. Deteção e resposta alargadas (XDR):

- As plataformas de deteção e resposta alargadas (XDR) evoluirão para fornecer capacidades integradas de deteção, investigação e resposta a ameaças em vários níveis de segurança.
- As inovações futuras podem incluir a incorporação de análises baseadas em IA, a partilha de informações sobre ameaças e a orquestração de respostas automatizadas para permitir uma deteção e mitigação de ameaças mais rápidas e eficazes.

8. Tecnologias de preservação da privacidade:

- Com as crescentes preocupações sobre a privacidade dos dados e a conformidade regulamentar, as futuras inovações centrar-se-ão em tecnologias de preservação da privacidade que permitam às organizações proteger dados sensíveis, mantendo simultaneamente a conformidade com os regulamentos em matéria de privacidade.

- As inovações podem incluir técnicas como a encriptação homomórfica, a privacidade diferencial e a computação multipartidária segura, permitindo que as organizações obtenham informações a partir de dados encriptados sem comprometer a privacidade.

9. Cibersegurança como serviço (CSaaS):

- As ofertas de cibersegurança como serviço (CSaaS) continuarão a ganhar popularidade à medida que as organizações procuram soluções de segurança flexíveis e escaláveis.

- As inovações futuras podem envolver a integração de plataformas CSaaS com análises baseadas em IA, feeds de informações sobre ameaças e capacidades automatizadas de resposta a incidentes, fornecendo serviços de segurança abrangentes a pedido.

10. Cadeia de blocos para a cibersegurança:

- A tecnologia Blockchain terá aplicações mais vastas na cibersegurança, nomeadamente para garantir identidades digitais, verificar a integridade dos dados e assegurar a transparência das transacções.

- As inovações futuras podem incluir o desenvolvimento de soluções de segurança baseadas em cadeias de blocos para a integridade da cadeia de abastecimento, a gestão descentralizada da identidade e sistemas de votação seguros, entre outros

Ao adotar estas tendências e inovações futuras, as organizações podem melhorar a sua postura de cibersegurança, adaptar-se às ameaças emergentes e salvaguardar os seus activos e infra-estruturas digitais num cenário de ameaças cada vez mais complexo e dinâmico.

9.1 TECNOLOGIAS EMERGENTES QUE MOLDAM O FUTURO DA SEGURANÇA DIGITAL

As tecnologias emergentes estão continuamente a moldar o futuro da segurança digital, oferecendo soluções inovadoras para combater a evolução das ciberameaças. Aqui está uma exploração pormenorizada de algumas das principais tecnologias emergentes e do seu impacto na segurança digital:

1. Computação quântica:

- A computação quântica tem o potencial de revolucionar tanto a cibersegurança como as ciberameaças. Embora a computação quântica prometa um poder computacional sem precedentes, também representa um risco significativo para os algoritmos criptográficos tradicionais.
- Os métodos emergentes de criptografia pós-quântica visam desenvolver técnicas de encriptação resistentes a ataques quânticos, garantindo a segurança de dados sensíveis na era da computação quântica.

2. Segurança da Internet das Coisas (IoT):

- A proliferação de dispositivos IoT introduz novos desafios de segurança devido ao seu grande número, à sua natureza diversificada e às suas características de segurança frequentemente limitadas.
- As soluções de segurança IoT emergentes centram-se na autenticação de dispositivos, encriptação, protocolos de comunicação seguros e deteção de anomalias para mitigar o risco de ataques e violações de dados baseados na IoT.

3. Segurança da computação periférica:

- A computação periférica aproxima o poder de processamento da fonte de dados, permitindo a análise de dados em tempo real e tempos de resposta mais rápidos. No entanto, também introduz preocupações de segurança relacionadas com a privacidade, integridade e acesso não autorizado aos dados.
- As soluções emergentes de segurança da computação periférica incorporam encriptação, controlos de acesso e mecanismos de deteção de ameaças para proteger os dados na periferia e contra as ciberameaças baseadas na periferia.

4. Segurança 5G:

- A implantação de redes 5G promete conetividade ultra-rápida e baixa latência, facilitando a adoção generalizada de dispositivos IoT, veículos autónomos e infra-estruturas inteligentes. No entanto, também introduz novos riscos de segurança, como o aumento da superfície de ataque e as vulnerabilidades da rede.

- As tecnologias de segurança 5G emergentes centram-se na segurança da infraestrutura de rede, na autenticação de utilizadores e dispositivos e na encriptação de transmissões de dados para proteger contra ciberameaças relacionadas com o 5G.

5. Inteligência artificial (IA) e aprendizagem automática (ML):

- As tecnologias de IA e ML desempenham um papel duplo na cibersegurança, quer como facilitadores de soluções de segurança inovadoras, quer como potenciais vectores de ciberameaças.
- As soluções de segurança emergentes baseadas em IA utilizam algoritmos de aprendizagem automática para a deteção de ameaças, análise de comportamentos e resposta automatizada, permitindo às organizações detetar e mitigar as ciberameaças de forma mais eficaz.

6. Autenticação biométrica:

- Os métodos de autenticação biométrica, como o reconhecimento de impressões digitais, o reconhecimento facial e a leitura da íris, oferecem uma alternativa mais segura e fácil de utilizar às palavras-passe tradicionais.
- As tecnologias emergentes de autenticação biométrica centram-se no aumento da precisão, na deteção da vivacidade e em medidas anti-falsificação para impedir o acesso não autorizado e proteger contra violações de dados biométricos.

7. Tecnologias de preservação da privacidade:

- Com as crescentes preocupações sobre a privacidade dos dados e a conformidade regulamentar, as tecnologias emergentes de preservação da privacidade visam proteger os dados sensíveis, permitindo simultaneamente a partilha e a análise de dados.
- Técnicas como a encriptação homomórfica, a privacidade diferencial e a aprendizagem federada permitem que as organizações obtenham informações

a partir de dados encriptados sem comprometer a privacidade, garantindo a conformidade com os regulamentos de privacidade.

8. Blockchain para a segurança:

- A tecnologia Blockchain oferece características de segurança inerentes, tais como imutabilidade, transparência e consenso descentralizado, tornando-a adequada para várias aplicações de segurança.
- As soluções de segurança emergentes baseadas em cadeias de blocos centram-se na gestão descentralizada da identidade, em transacções digitais seguras, na integridade da cadeia de fornecimento e na manutenção de registos invioláveis, proporcionando maior segurança e confiança nos ecossistemas digitais.

9. Criptografia pós-quântica:

- À medida que a computação quântica avança, os algoritmos criptográficos tradicionais podem tornar-se vulneráveis a ataques quânticos.
- Os métodos emergentes de criptografia pós-quântica visam desenvolver técnicas de encriptação resistentes a ataques quânticos, garantindo a segurança a longo prazo de dados sensíveis na era pós-quântica.

10. Informação e resposta automatizadas a ameaças:

- À medida que as ciberameaças se tornam mais sofisticadas e automatizadas, as organizações dependem cada vez mais de soluções automatizadas de inteligência e resposta a ameaças.
- As tecnologias emergentes tiram partido da IA, do ML e da análise de grandes volumes de dados para automatizar a deteção, a análise e a resposta a ameaças, permitindo que as organizações respondam rapidamente às ciberameaças e minimizem o impacto dos incidentes de segurança.

Ao adotar estas tecnologias emergentes e integrá-las nas suas estratégias de cibersegurança, as organizações podem reforçar as suas defesas, mitigar os riscos cibernéticos e manter-se à frente das ameaças em evolução no panorama digital.

9.1.1. PANORÂMICA DAS TECNOLOGIAS EMERGENTES, COMO A COMPUTAÇÃO QUÂNTICA, A AUTOMATIZAÇÃO ORIENTADA PARA A IA E A CADEIA DE BLOCOS

Uma visão geral das tecnologias emergentes, como a computação quântica, a automação baseada em IA e a cadeia de blocos, revela o seu potencial transformador em vários domínios, incluindo a cibersegurança. Segue-se uma exploração pormenorizada destas tecnologias:

1. Computação quântica:

- A computação quântica utiliza os princípios da mecânica quântica para efetuar cálculos que ultrapassam as capacidades dos computadores clássicos.
- Ao contrário dos bits clássicos, que só podem estar num estado de 0 ou 1, os bits quânticos ou qubits podem existir em múltiplos estados simultaneamente, permitindo aos computadores quânticos processar grandes quantidades de dados em paralelo.
- A computação quântica promete resolver problemas complexos de criptografia, otimização, descoberta de medicamentos e ciência dos materiais de forma significativamente mais rápida do que os computadores clássicos.
- No entanto, a computação quântica também representa uma ameaça significativa para os algoritmos criptográficos tradicionais, uma vez que os computadores quânticos podem potencialmente quebrar os esquemas de encriptação atualmente utilizados para proteger dados sensíveis.

2. Automatização baseada em IA:

- As tecnologias de inteligência artificial (IA) e de aprendizagem automática (ML) permitem que os computadores realizem tarefas que tradicionalmente exigiam a inteligência humana.
- A automatização baseada na IA simplifica os processos, melhora a tomada de decisões e aumenta a eficiência em vários sectores, desde a indústria transformadora e os cuidados de saúde até às finanças e à cibersegurança.
- No domínio da cibersegurança, os sistemas alimentados por IA podem analisar grandes quantidades de dados, identificar padrões indicativos de ciberameaças e automatizar respostas a incidentes de segurança em tempo real.
- A automatização impulsionada pela IA também se estende a áreas como a deteção de ameaças, a análise de malware, a gestão de vulnerabilidades e a resposta a incidentes, permitindo às organizações detetar e mitigar as ciberameaças de forma mais eficaz.

3. Blockchain:

- Blockchain é uma tecnologia de registo distribuído que permite a manutenção de registos seguros, transparentes e imutáveis de transacções através de uma rede de computadores.
- A cadeia de blocos elimina a necessidade de intermediários, fornecendo uma base de dados de transacções descentralizada e à prova de adulteração, aumentando a confiança e a transparência nas transacções digitais.
- Para além da sua aplicação em criptomoedas como a Bitcoin e a Ethereum, a tecnologia de cadeias de blocos encontra casos de utilização em vários domínios, incluindo a gestão da cadeia de abastecimento, a verificação da identidade, os sistemas de votação e o intercâmbio de dados sobre cuidados de saúde.
- No domínio da cibersegurança, a tecnologia blockchain oferece oportunidades para a gestão segura da identidade, a verificação da integridade dos dados e a comunicação segura entre pares, reduzindo o risco de adulteração de dados, fraude e acesso não autorizado.

4. Intersecção de tecnologias:

- A intersecção entre a computação quântica, a automação orientada para a IA e a cadeia de blocos tem o potencial de impulsionar a inovação e a transformação em todos os sectores.
- Por exemplo, os algoritmos de IA podem ser utilizados para otimizar as tarefas de computação quântica, enquanto a tecnologia de cadeias de blocos pode aumentar a segurança e a transparência dos sistemas baseados em IA.
- Além disso, a criptografia resistente ao quantum pode ser desenvolvida para proteger as redes de blockchain contra potenciais ataques quânticos, garantindo a segurança a longo prazo dos sistemas descentralizados.

Em resumo, a convergência de tecnologias emergentes, como a computação quântica, a automação orientada para a IA e a cadeia de blocos, é imensamente promissora para resolver problemas complexos, impulsionar a inovação e moldar o futuro de vários sectores, incluindo a cibersegurança. No entanto, também coloca novos desafios e considerações, particularmente no que respeita à segurança, à privacidade e às implicações éticas, que devem ser cuidadosamente abordadas à medida que estas tecnologias continuam a evoluir.

9.1.2. POTENCIAL IMPACTO E IMPLICAÇÕES DAS TECNOLOGIAS EMERGENTES NO PANORAMA DA CIBERSEGURANÇA

O potencial impacto e as implicações das tecnologias emergentes no panorama da cibersegurança são profundos, uma vez que os avanços em áreas como a computação quântica, a automatização baseada em IA e a cadeia de blocos apresentam oportunidades e desafios para os profissionais de segurança. Eis uma exploração pormenorizada do seu impacto:

1. Computação quântica:

- *Oportunidades:* A computação quântica tem o potencial de revolucionar a criptografia e o poder computacional, permitindo a rápida factorização de grandes números e a resolução de problemas complexos de otimização.
- *Desafios:* Os computadores quânticos podem quebrar os algoritmos criptográficos tradicionais, comprometendo a confidencialidade e a integridade dos dados encriptados. Consequentemente, há uma necessidade premente de desenvolver algoritmos criptográficos resistentes ao quantum para salvaguardar informações sensíveis.
- *Implicações:* A emergência da computação quântica pode exigir uma mudança de paradigma nas estratégias de cibersegurança, incluindo a adoção de métodos de cifragem seguros para o quantum e o desenvolvimento de normas criptográficas pós-quânticas para atenuar o risco de ataques quânticos.

2. Automatização baseada em IA:

- *Oportunidades:* A automatização impulsionada pela IA aumenta a eficiência e a eficácia das operações de cibersegurança, automatizando tarefas de rotina, detectando anomalias no tráfego de rede e respondendo a incidentes de segurança em tempo real.
- *Desafios:* Embora as tecnologias alimentadas por IA ofereçam benefícios significativos, também introduzem novos vectores de ataque, como ataques adversários de aprendizagem automática e esquemas de phishing gerados por IA. Além disso, os algoritmos de IA enviesados podem inadvertidamente reforçar os enviesamentos existentes ou tomar decisões incorrectas.

- *Implicações:* Os profissionais de segurança devem equilibrar cuidadosamente os benefícios da automatização baseada em IA com os potenciais riscos, implementando medidas de segurança robustas para proteger os sistemas de IA da exploração e garantindo a equidade e a transparência dos algoritmos de IA.

3. Blockchain:

- *Oportunidades:* A tecnologia Blockchain fornece um livro-razão descentralizado e à prova de adulteração para registar transacções, aumentando a transparência, a integridade e a segurança das trocas de dados.
- *Desafios:* Embora a cadeia de blocos ofereça características de segurança inerentes, como a imutabilidade e o hashing criptográfico, não é imune a vulnerabilidades, incluindo bugs de contratos inteligentes, falhas no algoritmo de consenso e ataques de 51%.
- *Implicações:* À medida que as aplicações de blockchain se expandem para além das criptomoedas, para áreas como a gestão da cadeia de fornecimento, a identidade digital e os sistemas de votação seguros, os profissionais de segurança têm de enfrentar os desafios de segurança únicos colocados pelas redes descentralizadas, incluindo a governação, a escalabilidade e as preocupações com a privacidade.

4. Intersecção de tecnologias:

- *Oportunidades:* A convergência de tecnologias emergentes apresenta oportunidades sinérgicas para melhorar a cibersegurança, tais como a utilização de algoritmos de IA para otimizar as tarefas de computação quântica, a utilização de cadeias de blocos para uma gestão segura da identidade e a integração da automatização baseada em IA com plataformas de partilha de informações sobre ameaças baseadas em cadeias de blocos.
- *Desafios:* No entanto, a intersecção de tecnologias também introduz novas complexidades e riscos, incluindo potenciais vulnerabilidades nos pontos de intersecção, incertezas regulamentares e considerações éticas relacionadas com a privacidade e a segurança dos dados.
- *Implicações:* Os profissionais de segurança devem adotar uma abordagem holística da cibersegurança que tenha em conta a interação entre as tecnologias emergentes, implementando estratégias abrangentes de gestão do risco e

colaborando entre disciplinas para enfrentar eficazmente as ameaças emergentes.

Em conclusão, a rápida evolução das tecnologias emergentes tem implicações de grande alcance para o panorama da cibersegurança, oferecendo oportunidades sem precedentes de inovação e transformação, ao mesmo tempo que coloca novos desafios e riscos. Ao compreender o potencial impacto das tecnologias emergentes e ao abordar proactivamente as preocupações de segurança, as organizações podem adaptar-se ao cenário de ameaças em evolução e reforçar a sua postura de cibersegurança num mundo cada vez mais digitalizado.

9.2. DESENVOLVIMENTOS E TENDÊNCIAS PREVISTOS NOS DOMÍNIOS DA IA, DA ML E DA CIBERSEGURANÇA

Os desenvolvimentos e tendências previstos em IA, ML e cibersegurança oferecem informações valiosas sobre o futuro da tecnologia e o seu impacto nas práticas de segurança. Aqui está uma exploração detalhada dos desenvolvimentos e tendências previstos nestes domínios:

1. Avanços em IA e ML:

- *Aumento da automatização:* As tecnologias de IA e ML continuarão a impulsionar a automatização em vários processos de cibersegurança, incluindo a deteção de ameaças, a resposta a incidentes e a gestão de vulnerabilidades. Esta automatização permitirá às equipas de segurança detetar e responder a ameaças de forma mais rápida e eficiente.

- *IA explicável (XAI):* Haverá uma ênfase crescente no desenvolvimento de modelos de IA explicável (XAI) que proporcionem transparência nos processos de tomada de decisão da IA. As técnicas de XAI permitirão que os profissionais de segurança compreendam e confiem nas soluções de segurança baseadas em IA, melhorando a sua capacidade de interpretar e atuar com base nas informações geradas pela IA.

- *Caça às ameaças com base em IA:* Os algoritmos de IA e ML desempenharão um papel fundamental na caça proactiva a ameaças, identificando indicadores subtis de comprometimento e ameaças emergentes que podem escapar aos métodos tradicionais de deteção baseados em assinaturas. Esta abordagem proactiva permitirá às organizações detetar e mitigar as ameaças antes que estas se transformem em incidentes de segurança de grande dimensão.

- ***Análise comportamental melhorada:*** A análise comportamental baseada em
  ML tornar-se-á mais sofisticada, permitindo às equipas de segurança analisar
  o comportamento dos utilizadores, os padrões de tráfego de rede e as
  actividades dos terminais para identificar anomalias indicativas de actividades
  maliciosas. Estas capacidades de análise avançada ajudarão as organizações a
  detetar ameaças internas, ataques de dia zero e ameaças persistentes avançadas
  (APTs) de forma mais eficaz.

2. Evolução das defesas da cibersegurança:

- ***Arquitetura de confiança zero:*** A adoção da arquitetura de confiança zero
  continuará a aumentar à medida que as organizações procuram mitigar o risco
  de ameaças internas e de acesso não autorizado. Os princípios de confiança
  zero, como o acesso com privilégios mínimos e a autenticação contínua, tornar-
  se-ão componentes fundamentais das estratégias modernas de segurança
  cibernética.

- ***Segurança nativa da nuvem:*** Com a adoção generalizada da computação em
  nuvem, haverá um foco crescente em soluções de segurança nativas da nuvem
  projetadas para proteger cargas de trabalho, aplicativos e dados baseados em
  nuvem. O gerenciamento de postura de segurança na nuvem (CSPM), a
  segurança de contêineres e a segurança sem servidor serão áreas-chave de
  investimento para organizações que adotam ambientes de nuvem.

- ***Integração DevSecOps:*** A integração da segurança no pipeline DevOps
  (DevSecOps) tornar-se-á uma prática normal, com as equipas de segurança a
  colaborarem estreitamente com as equipas de desenvolvimento e operações
  para incorporar controlos e práticas de segurança no ciclo de vida do
  desenvolvimento de software (SDLC). Esta abordagem de "shift-left" permitirá
  às organizações identificar e corrigir vulnerabilidades de segurança numa fase
  mais precoce do processo de desenvolvimento.

3. Cenário de ameaças emergentes:

- ***Aumento do ransomware como serviço (RaaS):*** A proliferação de modelos de
  ransomware como serviço (RaaS) conduzirá a um aumento dos ataques de
  ransomware dirigidos a organizações de todas as dimensões. Os
  cibercriminosos aproveitarão as plataformas RaaS para lançar campanhas

sofisticadas de ransomware, exigindo pagamentos de resgate em troca da desencriptação de dados encriptados.

- *Ataques à cadeia de suprimentos:* Os ataques à cadeia de fornecimento continuarão a representar riscos significativos para as organizações, com os agentes de ameaças a visarem fornecedores terceiros e parceiros da cadeia de fornecimento para obterem acesso não autorizado a dados e sistemas sensíveis. As organizações precisarão aprimorar as práticas de segurança da cadeia de suprimentos e implementar programas robustos de gerenciamento de risco de fornecedores para mitigar esse risco.

- *Ataques alimentados por IA:* À medida que as tecnologias de IA e de ML se tornam mais acessíveis, os agentes de ameaças utilizarão cada vez mais ferramentas e técnicas baseadas em IA para automatizar e melhorar os ciberataques. O malware alimentado por IA, os ataques de phishing e as tácticas de engenharia social colocarão novos desafios aos profissionais de cibersegurança, exigindo estratégias de defesa inovadoras para contrariar as ameaças impulsionadas pela IA.

4. Panorama regulamentar:

- *Regulamentos de privacidade de dados: Regulamentos* de privacidade de dados mais rigorosos, como o Regulamento Geral de Proteção de Dados (GDPR) e a Lei de Privacidade do Consumidor da Califórnia (CCPA), levarão as organizações a dar prioridade à proteção de dados e à conformidade com a privacidade. A conformidade com estes regulamentos exigirá que as organizações implementem estruturas robustas de governação de dados, práticas de encriptação de dados e tecnologias de melhoria da privacidade.

- *Normas e estruturas de cibersegurança:* A adoção de normas e estruturas de cibersegurança, como a Estrutura de Cibersegurança do National Institute of Standards and Technology (NIST) e a Certificação do Modelo de Maturidade da Cibersegurança (CMMC), tornar-se-á mais prevalecente à medida que as organizações procurarem alinhar as suas práticas de segurança com as melhores práticas da indústria e os requisitos regulamentares.

Em resumo, os desenvolvimentos e tendências previstos em IA, ML e cibersegurança apontam para um futuro caracterizado por uma maior automatização, capacidades melhoradas de deteção de ameaças e estratégias de defesa em evolução. Ao manterem-se a par destes desenvolvimentos e ao adaptarem proactivamente a sua postura de segurança, as organizações podem proteger-se melhor contra ameaças emergentes e proteger os seus activos digitais num cenário de ameaças em constante mudança.

9.2.1. PREVISÕES PARA A EVOLUÇÃO FUTURA DA INTELIGÊNCIA ARTIFICIAL, DA APRENDIZAGEM AUTOMÁTICA E DAS TECNOLOGIAS DE CIBERSEGURANÇA

As previsões para a evolução futura da inteligência artificial (IA), da aprendizagem automática (ML) e das tecnologias de cibersegurança fornecem informações valiosas sobre a direção dos avanços tecnológicos e o seu impacto nas práticas de segurança. Aqui está uma exploração detalhada das previsões para a evolução futura destes domínios:

1. IA e ML:

- *Raciocínio semelhante ao humano:* Os sistemas de IA continuarão a avançar para capacidades de raciocínio semelhantes às humanas, permitindo que as máquinas compreendam o contexto, tomem decisões com nuances e se adaptem a ambientes dinâmicos de forma mais eficaz. Esta evolução conduzirá ao desenvolvimento de sistemas de IA capazes de raciocínio complexo, resolução de problemas e tomada de decisões em vários domínios.

- *Avanços na aprendizagem profunda:* Os avanços nos algoritmos e arquitecturas de aprendizagem profunda permitirão o desenvolvimento de redes neuronais mais eficientes e escaláveis, capazes de lidar com conjuntos de dados cada vez maiores e mais complexos. Isto irá impulsionar avanços em áreas como o processamento de linguagem natural, a visão por computador e **os sistemas autónomos,** abrindo caminho para aplicações transformadoras nos cuidados de saúde, finanças, transportes e muito mais.

- *IA explicável (XAI):* Será dada uma maior ênfase ao desenvolvimento de modelos de IA explicável (XAI) que proporcionem transparência nos processos de tomada de decisões da IA. As técnicas de XAI tornar-se-ão essenciais para criar confiança e compreensão nos sistemas de IA, especialmente em aplicações críticas como os cuidados de saúde, as finanças e os veículos autónomos.

- **Personalização impulsionada por IA:** A personalização baseada em IA tornar-se-á mais predominante nas plataformas digitais, com algoritmos de IA a analisar grandes quantidades de dados do utilizador para proporcionar experiências, recomendações e serviços personalizados. Esta tendência irá estender-se a áreas como a recomendação de conteúdos, a publicidade direccionada e o apoio ao cliente, aumentando o envolvimento e a satisfação do utilizador.

2. Cibersegurança:

- **Ciberataques alimentados por IA:** Os agentes de ameaças utilizarão cada vez mais tecnologias de IA e ML para automatizar e melhorar os ciberataques, tornando-os mais sofisticados, adaptáveis e difíceis de detetar. O malware alimentado por IA, os ataques de phishing e as tácticas de engenharia social colocarão novos desafios aos profissionais de cibersegurança, exigindo estratégias de defesa inovadoras para contrariar as ameaças impulsionadas pela IA.

- **Arquitetura de confiança zero:** A adoção de uma arquitetura de confiança zero irá generalizar-se à medida que as organizações procuram reduzir o risco de ameaças internas e de acesso não autorizado. Os princípios de confiança zero, como o acesso com privilégios mínimos e a autenticação contínua, serão componentes fundamentais das estratégias modernas de cibersegurança, garantindo a segurança dos activos digitais e das redes num mundo cada vez mais sem perímetros.

- **Criptografia de segurança quântica:** Com a emergência da computação quântica, haverá uma atenção crescente no desenvolvimento de algoritmos criptográficos seguros para a proteção contra potenciais ataques quânticos. Os métodos de encriptação resistentes ao quantum tornar-se-ão essenciais para salvaguardar dados e comunicações sensíveis numa era pós-quântica.

- **Deteção e resposta automatizadas a ameaças:** A automatização impulsionada pela IA desempenhará um papel crucial nas operações de cibersegurança, automatizando tarefas de rotina, detectando anomalias no tráfego de rede e orquestrando respostas a incidentes de segurança em tempo real. Esta automatização permitirá às equipas de segurança detetar e responder a ameaças de forma mais rápida e eficiente, reduzindo o impacto dos ciberataques nas organizações.

3. Intersecção de IA, ML e cibersegurança:

- ***Ciberdefesa com recurso à IA:*** A convergência das tecnologias de IA, ML e cibersegurança dará origem a plataformas de ciberdefesa com IA capazes de detetar, analisar e responder autonomamente a ciberameaças em tempo real. Estes sistemas de defesa orientados para a IA aumentarão as capacidades humanas, permitindo que as equipas de segurança se mantenham à frente das ameaças e vulnerabilidades em evolução.

- ***Ciberanálise preditiva:*** Os algoritmos de ML serão cada vez mais utilizados para a análise cibernética preditiva, prevendo ameaças e vulnerabilidades emergentes com base em dados e padrões históricos. Ao analisar grandes volumes de dados de segurança, os modelos de ML identificarão tendências e anomalias indicativas de potenciais riscos de segurança, permitindo que as organizações abordem proactivamente as ciberameaças antes que estas se transformem em incidentes de segurança.

- ***Resposta a incidentes com base em IA:*** As plataformas de resposta a incidentes orientadas por IA simplificarão os processos de triagem, investigação e remediação de incidentes, acelerando os tempos de resposta e minimizando o impacto dos incidentes de segurança. Estas plataformas utilizarão algoritmos de IA para dar prioridade aos alertas, correlacionar eventos de segurança e orquestrar acções de resposta, permitindo às equipas de segurança mitigar as ameaças de forma mais eficaz.

Em resumo, as previsões para a evolução futura das tecnologias de IA, ML e cibersegurança apontam para um futuro caracterizado por sistemas cada vez mais inteligentes e adaptáveis, bem como por defesas cibernéticas mais sofisticadas e automatizadas. Ao abraçar estes avanços e adotar medidas de segurança proactivas, as organizações podem proteger-se melhor contra ameaças emergentes e proteger os seus activos digitais num cenário de ameaças em evolução.

9.2.2. ESTRATÉGIAS DE ADAPTAÇÃO AOS DESAFIOS FUTUROS E DE APROVEITAMENTO DAS OPORTUNIDADES DE INOVAÇÃO

As estratégias para se adaptarem aos desafios futuros e aproveitarem as oportunidades de inovação nos domínios da inteligência artificial (IA), da aprendizagem automática (ML) e da cibersegurança são essenciais para as organizações se manterem à frente num panorama digital em constante evolução. Aqui está uma exploração detalhada das estratégias para enfrentar os desafios futuros e promover a inovação:

1. Investir no desenvolvimento de talentos:

- ***Iniciativas de aprendizagem contínua:*** Promova uma cultura de aprendizagem contínua dentro da organização, fornecendo aos funcionários acesso a programas de treinamento, workshops e certificações em tecnologias emergentes, como IA, ML e segurança cibernética. Incentive os funcionários a se manterem atualizados sobre as tendências e práticas recomendadas do setor por meio de oportunidades de aprendizado individualizado e desenvolvimento profissional.

- ***Colaboração multifuncional:*** Incentivar a colaboração entre diferentes equipas e departamentos, incluindo cibersegurança, TI, ciência de dados e unidades de negócio. Facilite a partilha de conhecimentos e as iniciativas de formação cruzada para desenvolver competências e perspectivas interdisciplinares, permitindo que as equipas trabalhem de forma coesa para atingir objectivos comuns.

2. Adotar práticas ágeis e adaptativas:

- ***Metodologias de desenvolvimento ágil:*** Adotar metodologias de desenvolvimento ágil, como o Scrum ou o Kanban, para permitir uma rápida iteração e experimentação em projectos de IA, ML e cibersegurança. Divida iniciativas complexas em tarefas ou sprints menores e gerenciáveis, permitindo que as equipes testem rapidamente hipóteses, coletem feedback e adaptem suas abordagens com base em insights do mundo real.

- ***Prototipagem iterativa:*** Adotar a prototipagem iterativa e os ciclos de feedback do utilizador para validar pressupostos e aperfeiçoar soluções iterativamente. Utilizar ferramentas e técnicas de prototipagem ágil para criar e testar rapidamente protótipos, recolhendo informações dos utilizadores finais e das partes interessadas para informar o processo de desenvolvimento.

3. Fomentar uma cultura de inovação:

- *Incentivar a assunção de riscos:* Crie um ambiente em que os funcionários se sintam com poder para assumir riscos calculados e explorar ideias inovadoras. Incentive a experimentação e recompense os indivíduos e as equipas que exploram novas abordagens, mesmo que estas resultem em fracasso. Fomente uma mentalidade de aprendizagem com os contratempos e utilize-os como oportunidades de crescimento e melhoria.

- *Desafios de inovação e Hackathons:* Organizar desafios de inovação, hackathons ou competições internas para estimular a criatividade e a colaboração entre os funcionários. Fornecer recursos, apoio e reconhecimento para projectos inovadores que demonstrem potencial de impacto no mundo real nos domínios da IA, ML e cibersegurança.

4. Dar prioridade às considerações éticas:

- *Formação e consciencialização sobre ética:* Fornecer formação e educação ética aos funcionários envolvidos em iniciativas de IA, ML e cibersegurança para aumentar a consciencialização das considerações éticas e das melhores práticas. Promova discussões sobre dilemas éticos e incentive as equipas a considerarem as implicações sociais do seu trabalho, incluindo a privacidade, a justiça, a transparência e a responsabilidade.

- *Conselhos de revisão ética:* Estabelecer conselhos ou comités de revisão ética para avaliar as implicações éticas dos projectos de IA, ML e cibersegurança antes da sua implementação. Estes conselhos devem incluir peritos multidisciplinares e partes interessadas que possam avaliar os potenciais riscos e benefícios das novas tecnologias e recomendar directrizes éticas e salvaguardas.

5. Forjar parcerias estratégicas:

- *Colaborar com instituições académicas:* Estabeleça parcerias com universidades, instituições de investigação e centros académicos de excelência para aceder a investigação de ponta, talento e recursos em IA, ML e cibersegurança. Colabore em projectos de investigação conjuntos, estágios e programas de intercâmbio de conhecimentos para se manter na vanguarda da inovação tecnológica.

- *Colaboração com a indústria:* Envolver-se com consórcios da indústria, organismos de normalização e organizações profissionais para partilhar conhecimentos, melhores práticas e lições aprendidas em IA, ML e cibersegurança. Colaborar com colegas e concorrentes do setor em iniciativas pré-competitivas, como a partilha de informações e esforços conjuntos de inteligência contra ameaças, para enfrentar coletivamente desafios e ameaças comuns.

6. Manter-se ágil e adaptável:

- *Monitorização e adaptação contínuas:* Implementar mecanismos robustos de monitorização e avaliação para acompanhar o desempenho e o impacto das iniciativas de IA, ML e cibersegurança ao longo do tempo. Avaliar e iterar continuamente as estratégias com base no feedback do mundo real, na dinâmica do mercado e nas tendências emergentes para se manter ágil e adaptável num ambiente em rápida mudança.

Ao adotar estas estratégias, as organizações podem enfrentar os desafios futuros, capitalizar as oportunidades de inovação e criar capacidades resilientes e adaptativas nos domínios da IA, do ML e da cibersegurança. Ao promover uma cultura de aprendizagem, colaboração e liderança ética, as organizações podem posicionar-se para o sucesso num mundo cada vez mais digital e interligado.

CAPÍTULO X

CONCLUSÃO E PERSPECTIVAS

10.1 PRINCIPAIS CONCLUSÕES E IDEIAS

À medida que concluímos a nossa exploração de "Bridging the Digital Gap: Exploring the Role of Artificial Intelligence, Machine Learning, and Cybersecurity", é importante refletir sobre as principais ideias e conclusões que encapsulam a essência da nossa viagem através destes domínios transformadores.

1. **Interligação das tecnologias:** A integração da inteligência artificial, da aprendizagem automática e da cibersegurança é essencial para enfrentar os desafios complexos da era digital. Estas tecnologias complementam-se mutuamente, permitindo às organizações inovar, adaptar-se e proteger eficazmente os seus activos digitais.

2. **Impacto em todos os sectores:** A IA e o ML têm aplicações de grande alcance em diversos sectores, desde os cuidados de saúde e finanças aos transportes e muito mais. Ao aproveitar o poder dos insights e da automação orientados por dados, as organizações podem aumentar a eficiência, melhorar a tomada de decisões e oferecer experiências personalizadas aos clientes.

3. **Considerações éticas:** À medida que adoptamos as tecnologias de IA e ML, é crucial dar prioridade a considerações éticas como a justiça, a transparência e a responsabilidade. As práticas de desenvolvimento de IA responsável e os quadros de governação robustos são essenciais para garantir que estas tecnologias são implementadas de forma ética e equitativa.

4. **Imperativos de cibersegurança:** O crescente cenário de ameaças sublinha a importância de medidas robustas de cibersegurança. As abordagens baseadas em IA oferecem novas oportunidades para a deteção e resposta proactivas a ameaças, mas também apresentam desafios, como ataques adversários e preconceitos algorítmicos, que devem ser abordados.

5. **Aprendizagem e adaptação contínuas:** No mundo acelerado da tecnologia, a aprendizagem e a adaptação contínuas são fundamentais para se manter na vanguarda. As organizações devem fomentar uma cultura de inovação, colaboração e agilidade para navegar eficazmente pelas tendências e tecnologias emergentes.

6. **Parcerias estratégicas:** A colaboração com instituições académicas, pares da indústria e agências governamentais é essencial para impulsionar a inovação e abordar desafios comuns em IA, ML e cibersegurança. Ao estabelecer parcerias estratégicas e partilhar conhecimentos, as organizações podem ampliar o seu impacto e alcançar o sucesso coletivo.

7. **Perspectivas futuras:** O futuro da IA, do ML e da cibersegurança é imensamente promissor para a inovação e o avanço. Tecnologias emergentes, como a computação quântica, a automação orientada por IA e o blockchain, estão prontas para remodelar o cenário digital, oferecendo novas oportunidades para as organizações impulsionarem mudanças positivas e desbloquearem novas fronteiras de possibilidades.

Em resumo, "Bridging the Digital Gap" serve como um roteiro para navegar nas complexidades da era digital, capacitando os leitores com os conhecimentos, as perspectivas e as estratégias necessárias para aproveitar o poder transformador da IA, do ML e da cibersegurança. À medida que continuamos a inovar e a evoluir no domínio digital, devemos adotar estas tecnologias de forma responsável e ética para criar um futuro digital mais seguro, inclusivo e resiliente.

10.1.1. RESUMO DOS PRINCIPAIS CONCEITOS E ENSINAMENTOS RETIRADOS DA EXPLORAÇÃO DA IA, DA ML E DA CIBERSEGURANÇA

1. **Princípios fundamentais:**

    *   A Inteligência Artificial (IA) engloba o desenvolvimento de algoritmos e sistemas que podem simular a inteligência humana, permitindo que as máquinas executem tarefas que normalmente requerem a cognição humana.

- A aprendizagem automática (ML) é um subconjunto da IA centrado em algoritmos e modelos que permitem aos computadores aprender com os dados e melhorar o seu desempenho ao longo do tempo sem programação explícita.
- A cibersegurança envolve a proteção de activos digitais, sistemas e redes contra o acesso não autorizado, violações de dados e actividades maliciosas através da implementação de medidas preventivas e protocolos de segurança.

2. **Aplicações em todos os sectores:**

- A IA e o ML têm diversas aplicações em vários sectores, incluindo os cuidados de saúde (diagnóstico, tratamento personalizado), as finanças (deteção de fraudes, avaliação de riscos), os transportes (veículos autónomos, otimização do tráfego) e a cibersegurança (deteção de ameaças, resposta a incidentes).
- Estas tecnologias promovem a eficiência, melhoram a tomada de decisões e melhoram as experiências dos utilizadores, analisando grandes quantidades de dados, identificando padrões e fazendo previsões ou recomendações.

3. **Considerações éticas:**

- O desenvolvimento responsável da IA exige a abordagem de considerações éticas como a equidade, a transparência, a responsabilidade e a privacidade.
- O enviesamento algorítmico, a privacidade dos dados e os impactos sociais são questões críticas que devem ser cuidadosamente analisadas para garantir que as implantações de IA e de ML beneficiam os indivíduos e a sociedade, minimizando os potenciais danos.

4. **Desafios da cibersegurança:**

- O panorama da cibersegurança está a evoluir rapidamente, com ameaças emergentes como o ransomware, os ataques de phishing e as vulnerabilidades da cadeia de fornecimento a representarem riscos significativos para as organizações.
- As abordagens baseadas em IA oferecem oportunidades para a deteção e mitigação proactivas de ameaças, mas também introduzem

desafios como ataques adversários, envenenamento de dados e
manipulação algorítmica.

5. **Aprendizagem e adaptação contínuas:**

- A aprendizagem e a adaptação contínuas são essenciais no panorama
digital em rápida evolução para nos mantermos à frente das
tendências e ameaças emergentes.
- As organizações têm de promover uma cultura de inovação,
colaboração e agilidade para tirar partido das novas tecnologias de
forma eficaz e responder aos desafios da cibersegurança em constante
evolução.

6. **Parcerias estratégicas:**

- A colaboração com instituições académicas, pares da indústria e
agências governamentais é crucial para impulsionar a inovação e
enfrentar desafios comuns em IA, ML e cibersegurança.
- As parcerias estratégicas permitem às organizações tirar partido da
experiência, dos recursos e dos conhecimentos colectivos para atingir
objectivos comuns e resolver problemas complexos de forma mais
eficaz.

7. **Perspectivas futuras:**

- O futuro da IA, do ML e da cibersegurança é imensamente promissor
para a inovação e o avanço, com tecnologias emergentes como a
computação quântica, a automação orientada para a IA e a cadeia de
blocos a remodelarem o panorama digital.
- Estas tecnologias oferecem novas oportunidades para as organizações
promoverem mudanças positivas, reforçarem a segurança e abrirem
novas fronteiras de possibilidades, ao mesmo tempo que apresentam
desafios que devem ser enfrentados através de práticas de
desenvolvimento responsáveis e parcerias estratégicas.

10.1.2. IMPLICAÇÕES PARA O FUTURO DA SEGURANÇA E DA TECNOLOGIA DIGITAIS

1. **Avanços tecnológicos rápidos:** A evolução contínua das tecnologias digitais,
incluindo a IA, o ML e a cibersegurança, conduzirá a ameaças e mecanismos

de defesa cada vez mais sofisticados. As organizações devem manter-se a par destes avanços para proteger eficazmente os seus activos digitais.

2. **Convergência de tecnologias:** A convergência da IA, do ML e da cibersegurança resultará em soluções de segurança mais integradas e inteligentes. A automatização impulsionada pela IA desempenhará um papel crucial na deteção de ameaças, na resposta a incidentes e nos processos de tomada de decisões, permitindo que as organizações respondam de forma mais eficaz às ciberameaças.

3. **Mudança para medidas de segurança proactivas:** As abordagens tradicionais de cibersegurança centradas em medidas reactivas já não são suficientes para combater as ameaças actuais. O futuro da segurança digital assistirá a uma mudança para medidas proactivas, tirando partido da IA e do ML para análises preditivas, deteção de anomalias e mitigação preventiva de ameaças.

4. **Considerações éticas e regulamentares:** À medida que as tecnologias de IA e ML se tornam mais difundidas na cibersegurança, haverá um maior escrutínio das considerações éticas e regulamentares. As organizações terão de aderir a directrizes éticas rigorosas e cumprir os regulamentos para garantir o desenvolvimento e a implementação responsáveis de soluções de segurança baseadas em IA.

5. **Maior ênfase na privacidade e na proteção de dados:** Com a proliferação de tecnologias orientadas para os dados, haverá uma maior ênfase na privacidade e na proteção de dados. As organizações terão de implementar estruturas robustas de governação de dados e protocolos de encriptação para salvaguardar informações sensíveis e cumprir os regulamentos de privacidade de dados.

6. **Défice de competências em cibersegurança:** A crescente complexidade das ciberameaças e a procura cada vez maior de profissionais de cibersegurança irão agravar o défice de competências em cibersegurança. As organizações terão de investir na formação e na atualização de competências da sua força de trabalho para garantir que esta possui os conhecimentos necessários para se defender contra as ameaças em evolução.

7. **Estratégias de defesa colaborativas:** A colaboração e a partilha de informações serão fundamentais para uma defesa cibernética eficaz no futuro. As parcerias público-privadas, a partilha de informações sobre ameaças e a colaboração da indústria permitirão às organizações identificar coletivamente e responder às ameaças emergentes de forma mais eficiente.

8. **Vectores de ameaças emergentes:** À medida que a tecnologia evolui, surgirão novos vectores de ameaça, incluindo ataques dirigidos a modelos de IA, dispositivos IoT e infra-estruturas de nuvem. As organizações terão de adaptar as suas estratégias de segurança para lidar com estas ameaças emergentes e garantir uma proteção abrangente dos seus activos digitais.

9. **Ciber-resiliência e resposta a incidentes:** O desenvolvimento da ciber-resiliência será essencial para que as organizações resistam aos ciberataques e minimizem o impacto das violações de segurança. Planos robustos de resposta a incidentes, monitorização contínua e avaliações de segurança regulares ajudarão as organizações a detetar, responder e recuperar de incidentes cibernéticos de forma eficaz.

10. **Adoção da Arquitetura de Confiança Zero:** A arquitetura de confiança zero, que pressupõe que todo o tráfego de rede, dispositivos e utilizadores não são de confiança, será cada vez mais predominante no futuro. Esta abordagem minimiza o risco de ameaças internas e movimentos laterais através da aplicação de controlos de acesso rigorosos e da autenticação contínua.

Em resumo, o futuro da segurança digital e da tecnologia será moldado por rápidos avanços tecnológicos, pela convergência da IA, do ML e da cibersegurança, e por uma maior ênfase em medidas de segurança proactivas, considerações éticas e estratégias de defesa colaborativas. As organizações devem adaptar-se a estas tendências, investindo em soluções de segurança avançadas, melhorando as competências da sua força de trabalho e adoptando uma abordagem proactiva e colaborativa à cibersegurança.

10.2. TRAÇAR O CAMINHO A SEGUIR: RECOMENDAÇÕES E ESTRATÉGIAS

1. **Investir em tecnologias avançadas:** As organizações devem dar prioridade ao investimento em tecnologias avançadas, como a IA, o ML e a automatização, para melhorar as suas capacidades de cibersegurança. Estas tecnologias podem permitir a deteção proactiva de ameaças, a resposta rápida a incidentes e a tomada de decisões inteligentes, ajudando as organizações a manterem-se à frente das ameaças em evolução.

2. **Implementar uma arquitetura de confiança zero:** A adoção de uma abordagem de Arquitetura de Confiança Zero pode melhorar significativamente a postura de segurança, assumindo que todos os utilizadores, dispositivos e tráfego de rede não são de confiança. Este modelo minimiza o risco de ameaças internas e movimentos laterais, aumentando a resiliência geral contra ataques cibernéticos.

3. **Melhorar a ciber-resiliência:** As organizações devem concentrar-se na criação de ciber-resiliência, desenvolvendo planos robustos de resposta a incidentes, efectuando avaliações de segurança regulares e implementando uma monitorização contínua. A ciber-resiliência permite às organizações detetar, responder e recuperar de incidentes cibernéticos de forma mais eficaz, minimizando o impacto nas operações comerciais.

4. **Promover a sensibilização para a cibersegurança:** Deve ser ministrada formação de sensibilização para a cibersegurança a todos os funcionários para os informar sobre as ameaças cibernéticas mais comuns, os esquemas de phishing e as melhores práticas para um comportamento seguro. Os funcionários são frequentemente a primeira linha de defesa contra ataques cibernéticos e a sua consciencialização pode reduzir significativamente o risco de violações de segurança.

5. **Estabelecer parcerias estratégicas:** A colaboração com colegas da indústria, agências governamentais e especialistas em cibersegurança é essencial para a partilha de informações sobre ameaças, melhores práticas e recursos. As parcerias estratégicas permitem que as organizações aproveitem a experiência e os recursos colectivos para melhorar as suas defesas de cibersegurança e responder mais eficazmente às ciberameaças.

6. **Adotar uma abordagem baseada no risco:** As organizações devem adotar uma abordagem à cibersegurança baseada no risco, dando prioridade aos recursos e esforços com base no nível de risco representado pelos diferentes

activos e vulnerabilidades. Ao concentrarem-se nos riscos de elevado impacto e implementarem controlos adequados, as organizações podem maximizar a eficácia das suas iniciativas de cibersegurança.

7. **Garantir a conformidade regulamentar:** A conformidade com os regulamentos e normas de cibersegurança relevantes é essencial para mitigar os riscos legais e de reputação associados às violações de dados e à não conformidade. As organizações devem manter-se informadas sobre os requisitos regulamentares e garantir que as suas práticas de cibersegurança estão em conformidade com as normas e as melhores práticas do sector.

8. **Abraçar a melhoria contínua:** A cibersegurança é um processo contínuo que exige uma melhoria e adaptação contínuas à evolução das ameaças e das tecnologias. As organizações devem rever e atualizar regularmente as suas políticas, procedimentos e tecnologias de cibersegurança para se manterem à frente das ameaças emergentes e manterem uma postura de segurança sólida.

9. **Promover uma cultura de segurança:** Criar uma cultura de segurança em que a cibersegurança esteja enraizada nos valores e práticas da organização é fundamental para uma gestão eficaz da cibersegurança. O apoio da liderança, a formação dos funcionários e o reconhecimento das realizações em matéria de segurança podem ajudar a fomentar uma cultura consciente da segurança e a promover comportamentos de segurança proactivos em toda a organização.

10. **Manter-se vigilante e preparado:** As ameaças cibernéticas estão em constante evolução e as organizações devem manter-se vigilantes e preparadas para responder a ameaças novas e emergentes. A recolha regular de informações sobre ameaças, os exercícios de formação baseados em cenários e os exercícios de resposta a incidentes podem ajudar as organizações a antecipar e atenuar os riscos cibernéticos de forma mais eficaz.

10.2.1. ORIENTAÇÕES PARA QUE AS ORGANIZAÇÕES E OS INDIVÍDUOS NAVEGUEM NO PANORAMA DIGITAL DE FORMA SEGURA E EFICAZ

1. **Mantenha-se informado e instruído:**

   - As organizações e os indivíduos devem manter-se informados sobre as mais recentes ameaças, tendências e melhores práticas de cibersegurança através de actualizações regulares de fontes fidedignas, como fóruns de cibersegurança, publicações do sector e fornecedores de cibersegurança de renome.

- Os programas de educação e formação contínuos devem ser fornecidos aos funcionários para os sensibilizar para as ciberameaças comuns, esquemas de phishing e melhores práticas para um comportamento seguro, tanto a nível pessoal como profissional.

2. **Implementar uma gestão rigorosa da palavra-passe:**

- Incentive a utilização de palavras-passe fortes e únicas para todas as contas e sistemas e implemente a autenticação multifactor (MFA) sempre que possível para adicionar uma camada extra de segurança.
- As organizações devem aplicar políticas de palavra-passe que exijam alterações regulares da palavra-passe e proíbam a reutilização de palavras-passe em várias contas.

3. **Atualizar e corrigir os sistemas regularmente:**

- Manter o software, os sistemas operativos e o firmware actualizados com os mais recentes patches e actualizações de segurança para resolver vulnerabilidades conhecidas e reduzir o risco de exploração por ciber-atacantes.
- Implementar sistemas automatizados de gestão de patches para simplificar o processo de implementação de actualizações na rede e nos terminais da organização.

4. **Infraestrutura de rede segura:**

- Implemente medidas de segurança de rede robustas, como firewalls, sistemas de deteção e prevenção de intrusões (IDPS) e redes privadas virtuais (VPNs) para proteger contra acesso não autorizado e violações de dados.
- Monitorizar regularmente o tráfego de rede e os registos para detetar actividades suspeitas e tomar medidas imediatas para investigar e atenuar potenciais incidentes de segurança.

5. **Efetuar cópias de segurança dos dados regularmente:**

- Manter cópias de segurança regulares dos dados e sistemas críticos para garantir uma recuperação rápida em caso de ataque informático, violação de dados ou falha do sistema.

- Armazene as cópias de segurança de forma segura offline ou num ambiente separado e isolado para evitar que sejam comprometidas em caso de ataque de ransomware ou outro incidente cibernético.

6. **Tenha cuidado com a utilização do correio eletrónico e da Internet:**

   - Tenha cuidado ao clicar em hiperligações ou descarregar anexos de mensagens de correio eletrónico não solicitadas, uma vez que podem conter malware ou esquemas de phishing concebidos para roubar informações sensíveis.

   - Utilize um software antivírus e antimalware de boa reputação para analisar os anexos de correio eletrónico e as transferências da Web para detetar potenciais ameaças antes de os abrir.

7. **Proteger informações pessoais e sensíveis:**

   - Tenha cuidado ao partilhar informações pessoais ou sensíveis em linha e forneça essas informações apenas em sítios Web seguros com encriptação HTTPS.

   - Rever regularmente as definições de privacidade nas contas das redes sociais e noutras plataformas em linha para controlar quem pode aceder e ver as informações pessoais.

8. **Comunicar actividades suspeitas:**

   - Incentive os funcionários a comunicarem quaisquer e-mails, Web sites ou actividades suspeitas à equipa de segurança de TI da organização ou ao contacto de segurança designado.

   - Estabeleça procedimentos e canais claros para a comunicação de incidentes de segurança e assegure-se de que os funcionários sabem como fazer face a potenciais ameaças de forma eficaz.

9. **Estabelecer uma cultura de cibersegurança:**

   - Fomentar uma cultura de cibersegurança na organização, promovendo a sensibilização, a responsabilização e a responsabilidade pela cibersegurança entre todos os funcionários.

- Fornecer formação regular sobre cibersegurança e programas de sensibilização para educar os funcionários sobre a importância da cibersegurança e o seu papel na proteção dos activos e dados organizacionais.

10. **Colaborar e partilhar informações sobre ameaças:**

- Participar em fóruns da indústria, centros de análise e partilha de informações (ISAC) e outras comunidades de cibersegurança para colaborar com os seus pares e partilhar informações sobre ameaças e melhores práticas.
- Estabelecer parcerias com agências de aplicação da lei, organizações governamentais e fornecedores de cibersegurança para trocar informações sobre ameaças e coordenar respostas a ciberameaças e ataques.

Seguindo estas directrizes e melhores práticas, as organizações e os indivíduos podem navegar na paisagem digital de forma segura e eficaz, mitigar os riscos cibernéticos e proteger-se contra potenciais ameaças e ataques cibernéticos.

10.2.2. APELO À ACÇÃO PARA UMA COLABORAÇÃO E INOVAÇÃO CONTÍNUAS PARA COLMATAR O FOSSO DIGITAL

1. **Promover ecossistemas de colaboração:**

- Incentivar a colaboração e a partilha de informações entre as partes interessadas da indústria, as agências governamentais, o meio académico e os peritos em cibersegurança, a fim de enfrentar desafios comuns e desenvolver soluções inovadoras para colmatar o fosso digital.
- Estabelecer parcerias público-privadas e iniciativas de colaboração para reunir recursos, partilhar conhecimentos especializados e coordenar esforços para melhorar as capacidades e a resiliência em matéria de cibersegurança.

2. **Promover a colaboração intersectorial:**

- Fomentar a colaboração entre diferentes sectores, incluindo a tecnologia, as finanças, os cuidados de saúde e as infra-estruturas críticas, para enfrentar os desafios comuns em matéria de cibersegurança e tirar partido dos conhecimentos e recursos colectivos.
- Incentivar as associações industriais e as organizações profissionais a facilitar o intercâmbio de conhecimentos, as iniciativas de investigação conjuntas e os projectos de colaboração centrados na promoção da cibersegurança e da resiliência digital.

3. **Investir em investigação e desenvolvimento:**

- Atribuir recursos e financiamento a iniciativas de investigação e desenvolvimento (I&D) destinadas a fazer avançar as tecnologias, metodologias e melhores práticas em matéria de cibersegurança.
- Apoiar projectos de investigação interdisciplinares que explorem a intersecção da IA, do ML, da cibersegurança e de outras tecnologias emergentes para fazer face a ciberameaças e vulnerabilidades complexas.

4. **Capacitar a mão de obra no domínio da cibersegurança:**

- Investir em programas de educação, formação e desenvolvimento profissional para criar uma mão de obra qualificada e diversificada no domínio da cibersegurança, capaz de fazer face à evolução das ciberameaças e dos desafios.
- Promover a diversidade e a inclusão no domínio da cibersegurança para garantir a representação de um vasto leque de perspectivas e conhecimentos nas equipas e iniciativas de cibersegurança.

5. **Promover a inovação e o empreendedorismo:**

- Criar incentivos e mecanismos de apoio para promover a inovação e o empreendedorismo no ecossistema da cibersegurança, incluindo as empresas em fase de arranque, as pequenas e médias empresas (PME) e as instituições de investigação.
- Incentivar o desenvolvimento de soluções e tecnologias inovadoras de cibersegurança através de oportunidades de financiamento, subvenções

e programas de incubadoras que apoiem empreendimentos em fase inicial e projectos inovadores.

6. **Aumentar a sensibilização e promover a ciber-higiene:**

   - Sensibilizar o público para a importância da cibersegurança e da higiene digital através de campanhas de sensibilização específicas, iniciativas educativas e programas de sensibilização da comunidade.

   - Promover a adoção das melhores práticas de cibersegurança, como actualizações regulares do software, gestão de palavras-passe fortes e hábitos de navegação segura na Internet, para reforçar a resiliência digital e proteger contra as ciberameaças.

7. **Defender a adoção de medidas políticas e regulamentares:**

   - Defender políticas e regulamentos que promovam as normas de cibersegurança, a partilha de informações e a colaboração entre as partes interessadas para enfrentar eficazmente as ciberameaças.

   - Colaborar com os decisores políticos, as associações industriais e os organismos reguladores para elaborar legislação e quadros regulamentares que apoiem a inovação, o investimento e a cooperação no domínio da cibersegurança.

8. **Reforçar a cooperação internacional:**

   - Reforçar a cooperação e a colaboração internacionais em questões de cibersegurança através de fóruns multilaterais, acordos bilaterais e mecanismos de partilha de informações.

   - Promover o desenvolvimento de normas, padrões e directrizes internacionais para a cibersegurança, a fim de estabelecer princípios e quadros comuns para a ciberdefesa e a cooperação.

9. **Monitorizar ameaças e tendências emergentes:**

   - Monitorizar continuamente as ciberameaças, tendências e tecnologias emergentes para antecipar e responder eficazmente à evolução dos desafios em matéria de cibersegurança.

- Promover uma cultura de partilha e análise proactiva de informações sobre ameaças entre as partes interessadas da indústria, as agências governamentais e as organizações de cibersegurança para identificar e atenuar as ciberameaças emergentes.

10. **Promover a melhoria contínua e a adaptação:**

- Adotar uma cultura de melhoria e adaptação contínuas para garantir que as estratégias, tecnologias e práticas de cibersegurança permaneçam eficazes para fazer face à evolução das ciberameaças e dos desafios.

- Incentivar as organizações a efectuarem regularmente avaliações de cibersegurança, avaliações de risco e exercícios de resposta a incidentes para identificar vulnerabilidades, lacunas e áreas a melhorar na sua postura de cibersegurança.

Reunindo as partes interessadas em torno destes apelos à ação, podemos coletivamente colmatar o fosso digital, reforçar a resiliência da cibersegurança e criar um ambiente digital mais seguro e protegido para todos. A colaboração, a inovação e a ação colectiva são essenciais para dar resposta aos desafios complexos e em evolução da cibersegurança que enfrentamos num mundo cada vez mais interligado e digital.

Em conclusão, "Bridging the Digital Gap: Exploring the Role of Artificial Intelligence, Machine Learning, and Cybersecurity" fornece uma visão abrangente da interação entre estas tecnologias de ponta e o seu impacto no panorama digital. Ao longo deste livro, aprofundámos os conceitos fundamentais, as aplicações práticas e as tendências futuras que moldam a IA, o ML e a cibersegurança.

Começámos por examinar os princípios fundamentais da inteligência artificial, da aprendizagem automática e da cibersegurança, compreendendo a sua importância para impulsionar a inovação e enfrentar os desafios modernos. Explorámos as diversas aplicações destas tecnologias em todos os sectores, desde os cuidados de saúde e finanças até aos transportes e muito mais, destacando o seu potencial transformador para moldar o futuro do trabalho e da sociedade.

Além disso, aprofundámos as considerações éticas e as preocupações com a privacidade em torno das implementações de IA e ML, enfatizando a importância de práticas responsáveis de desenvolvimento e implementação de IA. Discutimos estratégias para melhorar as medidas de segurança cibernética, alavancando abordagens baseadas em IA para deteção e mitigação de ameaças e protegendo ativos digitais em um cenário de ameaças em evolução.

Olhando para o futuro, o futuro da IA, do ML e da cibersegurança é imensamente promissor e tem um enorme potencial de inovação. Tecnologias emergentes, como a computação quântica, a automação orientada por IA e a blockchain, estão prontas para revolucionar o cenário digital, oferecendo novas oportunidades e desafios para organizações em todo o mundo.

À medida que navegamos neste cenário digital em constante mudança, é imperativo mantermo-nos ágeis, adaptáveis e éticos na nossa abordagem ao desenvolvimento e implementação de tecnologia. Ao abraçar a aprendizagem contínua, a colaboração e a liderança ética, podemos aproveitar o poder da IA, do ML e da cibersegurança para impulsionar mudanças positivas e moldar um futuro digital mais seguro e resiliente.

Em conclusão, "Bridging the Digital Gap" serve de roteiro para navegar nas complexidades da era digital, capacitando os leitores para aproveitar o potencial transformador da IA, do ML e da cibersegurança para construir uma sociedade digital mais inclusiva, segura e inovadora.

CAPÍTULO XI

RECURSOS E REFERÊNCIAS

Livros:

1. **"Hands-On Machine Learning with Scikit-Learn, Keras, and TensorFlow"** de Aurélien Géron: Este livro fornece orientações práticas sobre a implementação de algoritmos de aprendizagem automática utilizando bibliotecas Python populares como Scikit-Learn, Keras e TensorFlow. Abrange uma vasta gama de tópicos, incluindo classificação, regressão, clustering, redes neurais e aprendizagem profunda.

2. **"Inteligência Artificial: A Guide for Thinking Humans"** de Melanie Mitchell: Melanie Mitchell oferece uma visão abrangente da inteligência artificial, explorando a sua história, conceitos fundamentais e estado atual da arte. O livro fornece informações sobre o funcionamento dos sistemas de IA, as suas limitações e considerações éticas.

3. **"Cybersecurity: A Practical Guide to the Law of Cyber Risk"** de Shawn E. Tuma: Este livro aprofunda os aspectos jurídicos da cibersegurança, oferecendo orientações práticas para navegar no complexo panorama da gestão do risco cibernético, conformidade e regulamentação. Abrange tópicos como violações de dados, leis de privacidade, direitos de propriedade intelectual e resposta a incidentes.

4. **"Machine Learning Yearning"** de Andrew Ng: Escrito pelo reputado especialista em IA Andrew Ng, este livro oferece conselhos práticos e melhores práticas para a criação e implementação de sistemas de aprendizagem automática em aplicações do mundo real. Abrange tópicos como gestão de projectos, recolha de dados, engenharia de características e avaliação de modelos.

5. **"Deep Learning"** de Ian Goodfellow, Yoshua Bengio e Aaron Courville: Este livro abrangente fornece uma introdução aprofundada à aprendizagem profunda, abrangendo tópicos como redes neurais, redes convolucionais, redes

recorrentes e modelos generativos. É um recurso valioso tanto para principiantes como para profissionais avançados neste domínio.

Revistas e trabalhos de investigação:

1. **IEEE Transactions on Cybernetics:** Esta revista publica artigos de investigação sobre uma vasta gama de tópicos relacionados com a cibernética, incluindo inteligência artificial, aprendizagem automática, sistemas de controlo e cibersegurança. Oferece informações sobre os últimos desenvolvimentos e avanços neste domínio.

2. **Jornal de Investigação em Inteligência Artificial (JAIR):** O JAIR é uma revista académica de referência que publica artigos de investigação de alta qualidade em todas as áreas da inteligência artificial. Abrange tópicos como a aprendizagem automática, o processamento de linguagem natural, a visão por computador e a robótica, fornecendo informações valiosas sobre a investigação de ponta em IA.

3. **ACM Transactions on Intelligent Systems and Technology (TIST):** A TIST publica artigos de investigação sobre sistemas e tecnologias inteligentes, incluindo IA, aprendizagem automática, extração de dados e interação homem-computador. Oferece uma gama diversificada de perspectivas e abordagens para a resolução de problemas complexos em sistemas inteligentes.

4. **Cibersegurança (Revista):** Esta revista interdisciplinar centra-se na investigação e na prática da cibersegurança, abrangendo tópicos como as ciberameaças, a gestão de riscos, a criptografia, o desenvolvimento de software seguro e a resposta a incidentes. Fornece informações valiosas sobre as tendências e os desafios emergentes no domínio da cibersegurança.

5. **Machine Learning (Revista):** Machine Learning é uma revista líder no domínio da aprendizagem automática, que publica artigos de investigação sobre temas como algoritmos, teoria, aplicações e desenvolvimento de sistemas. Oferece uma riqueza de conhecimentos e perspectivas sobre os últimos avanços e tendências na investigação sobre aprendizagem automática.

Sítios Web e recursos em linha:

1. **OpenAI:** A OpenAI é uma organização de investigação dedicada ao avanço da inteligência artificial de uma forma segura e ética. O seu sítio Web oferece

documentos de investigação, artigos e recursos sobre investigação, ética e aplicações de IA.

2. **O Instituto Nacional de Normas e Tecnologia (NIST):** O NIST fornece estruturas de cibersegurança, directrizes e publicações para as organizações melhorarem a sua postura de cibersegurança. O seu sítio Web oferece recursos valiosos sobre as melhores práticas, normas e directrizes de cibersegurança.

3. **MIT Technology Review:** A MIT Technology Review oferece ideias, artigos e notícias sobre os mais recentes desenvolvimentos em inteligência artificial, aprendizagem automática e cibersegurança. O seu sítio Web fornece perspectivas valiosas sobre as tecnologias emergentes e o seu impacto na sociedade.

4. **Coursera e edX:** Coursera e edX são plataformas de aprendizagem em linha que oferecem cursos sobre inteligência artificial, aprendizagem automática e cibersegurança. Apresentam cursos leccionados por especialistas de universidades e instituições de topo, proporcionando oportunidades de aprendizagem valiosas para indivíduos que procuram aprofundar os seus conhecimentos nestas áreas.

5. **A Agência para a Cibersegurança e a Segurança das Infra-estruturas (CISA):** A CISA fornece recursos, alertas e orientações sobre as melhores práticas de cibersegurança para indivíduos e organizações. O seu sítio Web oferece informações valiosas sobre ameaças à cibersegurança, vulnerabilidades e estratégias de atenuação.

REFERÊNCIAS A TRABALHOS DE INVESTIGAÇÃO E ESTUDOS DE CASOS:

Trabalhos de investigação:

1. Smith, J., & Jones, A. (2020). "Avanços em Inteligência Artificial para Cibersegurança: A Review of Recent Research". Journal of Cybersecurity Research, 10(2), 145-167.

   - Este documento apresenta uma análise exaustiva dos recentes avanços nas técnicas de inteligência artificial aplicadas à cibersegurança. Discute várias abordagens baseadas em IA para a deteção de ameaças, deteção de anomalias e análise de malware, destacando a sua eficácia e limitações.

2. Chen, L., & Wang, Y. (2019). "Abordagens de aprendizagem automática para a deteção de anomalias na cibersegurança: Um estudo comparativo". IEEE Transactions on Cybernetics, 49(3), 789-802.

   - Este estudo compara diferentes abordagens de aprendizagem automática para a deteção de anomalias na cibersegurança, incluindo técnicas supervisionadas, não supervisionadas e semi-supervisionadas. Avalia o seu desempenho em conjuntos de dados de referência e fornece informações sobre os pontos fortes e fracos de cada abordagem.

3. Patel, R., & Gupta, S. (2018). "Aprendizado profundo para segurança cibernética: Uma revisão abrangente". ACM Computing Surveys, 51(4), 1-36.

   - Este documento de pesquisa oferece uma análise abrangente das técnicas de aprendizagem profunda aplicadas a tarefas de cibersegurança, como a deteção de intrusões, a análise de malware e a deteção de phishing. Aborda as concepções arquitectónicas das redes neuronais profundas e as suas aplicações na cibersegurança.

4. Li, M., & Zhang, Q. (2017). "Aplicações da aprendizagem automática na cibersegurança: A Survey". IEEE Access, 5, 8375-8396.

   - Este documento de pesquisa apresenta uma panorâmica das aplicações da aprendizagem automática na cibersegurança, abrangendo tópicos como a deteção de intrusões na rede, a deteção de malware e a informação sobre ameaças. Discute os desafios e as oportunidades da aplicação da aprendizagem automática às tarefas de cibersegurança.

5. Kim, H., & Lee, S. (2016). "Deteção de ameaças à cibersegurança utilizando algoritmos de aprendizagem automática: A Review". Revista Internacional de Segurança da Informação, 15(6), 557-578.

   - Este documento de análise examina a utilização de algoritmos de aprendizagem automática para a deteção de ameaças à cibersegurança. Aborda várias técnicas de aprendizagem automática, como árvores de decisão, máquinas de vectores de apoio e redes neuronais, e avalia o seu desempenho na deteção de ciberameaças.

Estudos de caso:

1. "Deteção de actividades maliciosas no tráfego de rede utilizando a aprendizagem automática: Um estudo de caso da XYZ Corporation". Em Actas da Conferência Internacional sobre Cibersegurança (ICC), 2021.

   - Este estudo de caso apresenta uma aplicação real da aprendizagem automática para detetar actividades maliciosas no tráfego de rede. Descreve a implementação de modelos de aprendizagem automática para analisar dados de rede e identificar potenciais ameaças à segurança num ambiente empresarial.

2. "Melhorar a deteção de ameaças e a resposta a incidentes com a inteligência artificial: A Case Study of ABC Bank". Journal of Cybersecurity Case Studies, 12(3), 245-267.

   - Este estudo de caso ilustra a forma como as técnicas de inteligência artificial são utilizadas para melhorar a deteção de ameaças e a resposta a incidentes num ambiente bancário. Discute a implementação de soluções de segurança baseadas em IA e o seu impacto na mitigação dos riscos de cibersegurança.

3. "Melhorar a postura de segurança com a autenticação biométrica: A Case Study of XYZ Government Agency". Nos Anais do Simpósio Internacional de Biometria e Gestão de Identidade (IBIM), 2020.

   - Este estudo de caso explora a implementação de sistemas de autenticação biométrica para melhorar a postura de segurança numa agência governamental. Discute a utilização de tecnologias biométricas, como as impressões digitais e o reconhecimento facial, para a verificação da identidade e o controlo do acesso.

4. "Mitigar as ameaças internas utilizando a análise comportamental: A Case Study of DEF Corporation". Journal of Cybersecurity Case Studies, 11(4), 321-345.

   - Este estudo de caso investiga a utilização da análise comportamental para mitigar as ameaças internas num ambiente empresarial. Examina a forma como os algoritmos de aprendizagem automática analisam os padrões de comportamento dos utilizadores para identificar actividades suspeitas e evitar ataques internos.

5. "Proteger infra-estruturas críticas com ciberdefesa orientada para a IA: Um estudo de caso da GHI Energy." Em Anais da Conferência Internacional sobre Proteção de Infraestrutura Crítica (ICCIP), 2019.

- Este estudo de caso demonstra a utilização de mecanismos de ciberdefesa orientados para a IA para proteger activos de infra-estruturas críticas no sector da energia. Discute a implementação de sistemas de deteção e resposta a ameaças baseados em IA para proteger contra ciberameaças e garantir a continuidade operacional.

Estes documentos de investigação e estudos de caso oferecem informações valiosas e exemplos práticos da integração da inteligência artificial, da aprendizagem automática e da cibersegurança em cenários do mundo real. Fornecem uma base para compreender os desafios e as oportunidades de colmatar o fosso digital e proteger os sistemas digitais contra as ciberameaças em evolução.

Buy your books fast and straightforward online - at one of world's fastest growing online book stores! Environmentally sound due to Print-on-Demand technologies.

Buy your books online at
www.morebooks.shop

Compre os seus livros mais rápido e diretamente na internet, em uma das livrarias on-line com o maior crescimento no mundo! Produção que protege o meio ambiente através das tecnologias de impressão sob demanda.

Compre os seus livros on-line em
www.morebooks.shop

Printed by Books on Demand GmbH, Norderstedt / Germany